순서도를 이용한

코딩 과의 첫 만남(1)

Coding

C언어편

김득수 지음

21세기사

PREFACE

이 책의 목적은?

코딩의 **기초**를 다진다. 코딩의 기초를 설명하기 위해 기초수학을 이용하였으므로 코딩의 기초도 다지고 수학의 기초도 다진다.

논리의 기초를 다진다. 코딩하는 것은 프로그램의 흐름과 논리를 공부하는 것입니다. 자연스럽게 논리에 익숙하게 됩니다.

C언어의 기초를 다진다. 시중의 책 대부분은 전문가, 대학에서 컴퓨터관련 과목을 전공하는 학생들 위주의 두꺼운 책이어서 다 보는데 쉽게 질리지만 이 책은 가장 쉬운 책을 목표로 잘 사용하지 않는 내용은 버리고 꼭 필요한 실용적인 내용들로 구성하였다.

나도 볼 수 있는 책 인가요? (누구를 위한 책 인가요?)

이 책은 완전 초보자, 컴퓨터 프로그램을 전혀 접해 보지 않은 사람이 이용 할 수 있습니다. 중학생 이상이면 누구나 쉽게 접할 수 있는 입문서입니다.

처음인데 동영상 강의는 있나요?

무료 동영상 강의가 있습니다. 유튜브, kocw에서 활용 할 수 있습니다.

책 뒷면 표지에 있는 블로그 QR 코드, blog.naver.com/coding_edu에서 이 책의 모든 예제 파일을 다운로드 할 수 있고 블로그에서는 소프트웨어 교육, 오류 등의 자료를 참조 할 수 있습니다.

코딩을 처음 공부하는 경우 수업을 듣거나 동영상 강의를 활용하기 바랍니다. 혼자서 공부도 할 수 있지만 개념을 잡는데 시간이 많이 필요합니다.

책의 전체 구성은 크게 4부분으로 34시간에 공부 할 수 있습니다.

이 책은 16장이고 준비 및 1장에 2시간으로 총 34시간에 공부를 할 수 있도록 설명과 예제를 선정 했습니다.

제 1편. C는 내 친구, 친구와 대화하기 (1장~4장)

우리는 컴퓨터를 계속 사용할 것입니다. 컴퓨터는 여러분을 도와주는 짜증내지 않는 좋은 친구로 생각해야 합니다. 친구가 이야기하는 것을 들어보면 좋은 점도 있고 틀린 점도 있을 것이지만 친구니까 대화를 많이 하자. 컴퓨터와 익숙하기 위한 내용입니다.

제 2편. 코딩을 이해하자. 코딩 핵심으로. 코딩해 볼까. (5장~10장)

코딩이 어려운가? 코딩을 이해 해보자. 여기가 코딩의 핵심이다. 2는 짝수인가, 홀수인가? 코딩해 보자.

제 3편. 정렬과 검색은 무엇인가? (11장~13장)

정렬은 코딩의 좋은 예입니다. 10줄도 안 되는 프로그램으로 1 만개의 데이터를 1 초에 정렬해 보면 '이것이 코딩이구나' 라고 할 겁니다.

제 4편. 디스크 읽고, 쓰기 (16장)

디스크를 활용해서 많은 데이터를 보관, 읽기 하는 원리를 파악하고 활용하자.

이 책을 공부하는 방법입니다.

프로그램 예제를 **많이 입력**하고 **실행**해 보기 바랍니다. 실행해 보면 에러가 나올 수 있다. **에러를 두려워하지 말자.** 전문가들은 많은 에러를 경험한 사람입니다. 전문가는 즉시 에러가 어디에 있는지 아는 사람입니다. 왜냐하면 자기가 경험했기 때문입니다.

매일 1~2 문제 정도를 문제를 읽고 동영상을 듣고 키보드로 입력하고 실행하기 바랍니다. **처음 공부하는 경우** 다음 순서를 참조하기 바랍니다.

1. 문제를 읽고 분석하자.

2. **순서도를 이해하자.**

3. 다운로드한 예제를 실행해 보고 결과를 분석하자.

   (책의 모든 예제는 부록4. '교재 예제 파일 C편 다운로드 및 실행'을 참조하여 다운로드 할 수 있다)

4. 본인이 직접 예제를 입력하고 실행해 보자. 에러를 수정하고, 결과를 분석하자.

5. 문제를 보고 또는 **순서도를 보고 종이에 코딩을 해보자.**

저자

예제 파일 다운로드: blog.naver.com/coding_edu

CONTENTS

APPENDIX 229

CHAPTER 1

코딩이란 무엇인가?

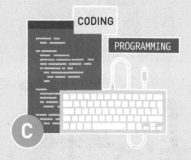

학습목표

- 코딩 이해하기
- 순서도 이해하기
- C 컴파일러 설치하기
- 첫 번째 프로그램 실행하기

1.1 코딩이란 무엇인가?

컴퓨터는 프로그램이 실행되지 않으면 쓸모없는 기계에 불과하지만 프로그램이 실행되면 똑똑한 기계가 된다.

사람이 컴퓨터를 이용하여 직접 프로그램을 작성하는 것을 프로그래밍 또는 **코딩**(coding)이라고 한다. 컴퓨터는 스스로 프로그램을 작성 할 수 없으므로 사람이 아주 자세하게 컴퓨터가 알아들을 수 있는 명령을 주어야 하는데 이 작성된 내용을 **프로그램**(program)이라고 한다.

프로그램을 작성하는 사람을 프로그래머라고 하며 작성한 프로그램을 컴퓨터가 알 수 있는 언어로 번역하는 것을 '컴파일한다'라고 하며 이 번역하는 프로그램을 **컴파일러**(compiler)라고 한다.

프로그래머가 작성한 프로그램을 **소스코드**(source code)라고 하며 이 소스코드를 작성하는 것을 '프로그래밍한다' 또는 '코딩한다'라고 한다.

결국 프로그래머가 작성한 프로그램을 컴파일러가 번역하여 컴퓨터에서 실행하게 되는 것이 된다.

1.2 프로그램의 흐름을 알 수 있는 순서도

문제를 해결하기 위한 여러 가지 방법을 표현하는 방식 중에서 많이 사용하는 것이 **순서도**(flow chart)이다. 순서도는 〈표 1.1〉과 같은 순서도 기호를 이용하여 프로그램 흐름을 도형으로 표현한다.

〈표 1.1〉 순서도 기호

기호	명칭	의미
⬭	단말	시작과 끝을 표시
⬡	준비	변수선언, 변수 초기값 준비단계
▭	처리	모든 처리
◇	판단	비교, 판단 기능
▱	입출력 데이터	입출력 데이터 표시, 화면에 출력
▭	출력	프린터로 출력
반복 회수 / 반복 내용	반복	정한 횟수를 반복 처리

일반적으로 프로그램을 분석하면 그림 1.1과 같이 순서구조, 선택구조, 반복구조인 3가지 구조로 구분 할 수 있다.

이 3가지 경우를 아침에 일어나서, 밥을 먹고, 학교에 가는 과정에 적용해서 파악해 보자.

① 순서구조는 프로그램이 실행 될 때 순차적으로 실행된다는 의미이다.
순서구조에서 '일어난다', '밥을 먹는다'의 순서를 바꾸면 '밥을 먹는다' '일어난다'가 되어 이해되지 않는 순서구조가 된다. 1~4장의 기본은 순서구조이다.

② 선택구조는 조건의 결과에 따라 처리해야 할 일이 다른 경우를 의미한다.
선택구조는 프로그램이 진행되는 중 2가지 중 하나를 선택하는 구조가 된다. 5~6장의 기본은 선택구조이다.

③ 반복구조는 어떤 조건을 만족하는 동안 같은 처리를 반복하여 실행하는 구조이다.
컴퓨터를 활용하는 이유가 이 반복구조의 기능이다. 아주 빠른 속도로 반복을 하여 우리가 원하는 결과를 컴퓨터가 제공한다. 7~9장의 기본은 반복구조이고 10~16장은 3가지 구조의 혼합형이다.

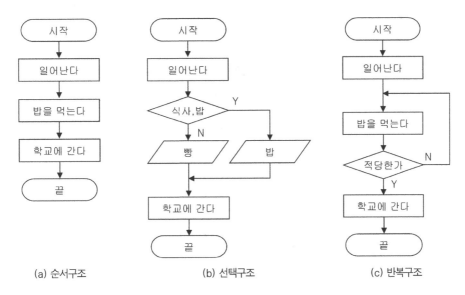

[그림 1.1] 프로그램 3가지 구조

1.3 첫 번째 프로그램 실행하여 보자

다음 프로그램은 화면에 '3'을 출력하는 프로그램이다.

PROGRAMMING

```c
/* p01-1.c */
#include <stdio.h>
void main()
{
    int a;
    a=3;
    printf("%d \n", a);
}
```

```
C:\Dev-Cpp\p01-1.exe
3
--------------------------------
Process exited after 0.3831 seconds with return value 3
계속하려면 아무 키나 누르십시오 . . .
```

첫 번째 문장인 /* p01-1.c */은 설명문이다. C언어에서는 /*부터 */까지가 설명문이다. 프로그램의 수가 많아지면 설명문에 날짜, 작성자 이름을 기술해 놓으면 차후에 언제, 누가 작성했는지를 알 수 있다. 본 책에서는 설명문에 프로그램 이름을 기술하여 'p01-1.c'는 01장의 1번 프로그램을 의미하고 C 프로그램임을 알려준다.

#include <stdio.h>문장은 아래의 printf("%d \n", a); 문장의 printf()명령을 사용하기 때문에 필요하다.

C언어의 실행은 위 프로그램의 main()부터 시작하며 main()를 main함수라고 한다. '{'부터 '}'까지가 프로그램이 되고 프로그래머는 이 부분만 작성하면 된다. main() 함수 안의 3문장을 입력하는 경우 첫째 칸에서 Tab 키를 이용하면 4칸 이동하므로 편리하다. 각 문장 끝에는 ';'으로 문장의 끝을 구별한다.

```
int a;
a=3;
            a라는 정수 변수를 선언하고 a 변수에 3을 입력한다.
printf("%d \n", a);
            이 문장은 a 변수 3을 화면에 출력한다.
```

위의 프로그램을 입력하고 컴파일, 실행해 보자.

① 바탕화면에 있는 Dev-C++ 바로가기를 실행하자.

또는 부록3. Dev-C++ 다운로드를 참조하여 devcpp를 실행하면 Dev-C++ 초기 화면이 나타난다.

② 메뉴에서 **파일(F)** → **새로 만들기(N)** → **소스파일(S)**을 실행하자.

　이름없음1 아래에 커서가 있고 프로그램을 입력할 수 있는 공간이다.

프로그램 p01-1.c의 8줄 프로그램을 입력하자. 소문자, 대문자를 구분해서 입력해야

한다. 이 프로그램은 모두 소문자이며 C언어는 소문자를 기본으로 한다.

입력하는 경우 첫 설명 문장 */* p01-1.c */* 은 기울임체로 자동 변경이 된다.

int 를 입력할 때 **Tab** 키를 이용하면 4칸 이동하므로 자주 사용하는 키가 된다.

Ctrl-D(Ctrl 누르고 D)는 커서가 있는 한 줄을 모두 지우는 단축키이다.

입력을 모두 한 경우 입력에 오타가 있는가를 확인하고 **파일(F)** → **새이름 저장...(A)**

에서 저장하고자 하는 폴더에 **p01-1.c**로 저장하자. 여기서는 **Dev-Cpp** 폴더이다.

파일 이름은 **p01-1.c** 와 같이 **.c** 로 해야 한다. **p01-1.cp** 로 하면 에러가 된다.

저장하면 **이름없음1** 위치에 파일명이 **p01-1.c** 로 변경되어 있음을 알 수 있다.

③ **컴파일 하기**

메뉴의 '창 도움말' 아래의 3개 아이콘은 마우스가 아이콘 위에 있으면 다음의 풍선 도움말을 확인할 수 있다.

컴파일(F9), 실행(F10), 컴파일 후 실행(F11) 이 3개 아이콘은 코팅하는 경우 많이 사용하는 아이콘이다.

위의 첫째 아이콘인 컴파일(F9)를 마우스로 클릭하면 프로그램 입력 창 아래에 컴파일의 결과를 볼 수 있다.

- Errors: 0
- Warnings: 0

위의 2가지 에러에서 Errors: 는 에러가 있으므로 꼭 소스코드를 수정해야 되는 에러이고 Warnings: 는 경고 에러이고 실행은 가능하다.

④ **실행하기**

둘째 아이콘인 실행(F10)을 마우스로 클릭하면 실행되어 실행된 창이 나타난다. '3' 이 화면에 나타난다. 실행 결과가 표시되며 실행결과는 '3'을 검은색 창에서 확인 할 수 있고 본 교재에서는 윈도의 '그림판' 프로그램에서 [이미지] → [색 반전] 기능을 이용하여 검은색 부분을 흰색으로 처리 하였다.

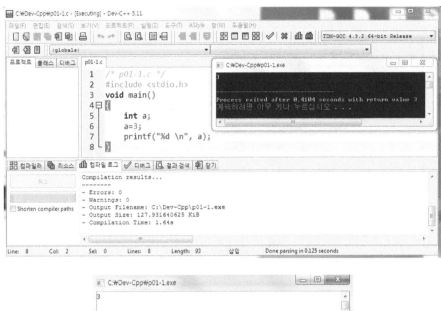

⑤ **2번째 프로그램 실행**

2번째 프로그램을 실행하기 위하여 'p01-1.c'를 이용한다.

다음의 2문장을 수정한다.

```
/* p01-1.c */  ->  /* p01-2.c */
   a=3;         ->  a=2;
```

메뉴에서 **파일(F) → 새이름 저장...(A)** 을 실행하여 파일 이름(N)을 'p01-2.c'로 저장(s)하고 프로그램 입력 창 바로 위 파일명이 'p01-1.c'가 'p01-2.c'로 변경된 것을 알 수 있다.

새로운 프로그램 p01-2.c를 컴파일, 실행시키면 실행창에서 '2'가 표시되어 새로운 프로그램이 실행되었음을 알 수 있다.

앞의 프로그램에서 파일명을 수정 할 수 있으므로 1~2 까지의 과정이 필요 없으므로 편리하게 프로그램을 입력, 수정, 컴파일, 실행 할 수 있다.

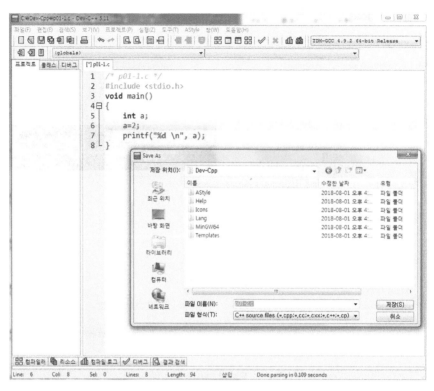

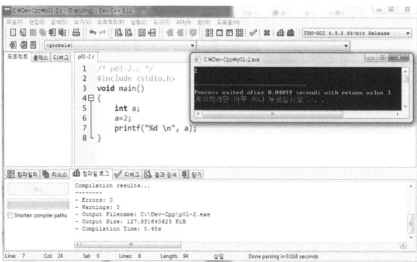

1-1　다음과 같은 실행 결과의 프로그램을 코딩하여 보자. p01-3.c

　　　파일명은 p01-3.c 로 하고 아래 실행창의 프로그램이 있는 폴더의 위치에 실행파일이 p01-3.exe 임을 확인하자.

　　　소스 프로그램인 p01-3.c 프로그램이 컴파일 되어 p01-3.exe 가 생성되고 이 파일이 실행되는 결과이다.

　　　창의력 향상을 위하여 ▢▢▢▢에 적당한 값을 먼저 구하고 실행하여 보자. 그리고 다운로드한 프로그램과 비교하여 보자 !

```
/* p01-3.c */
#include <stdio.h>
void   1
  2
    int a;
    a =   3
    printf("%d \n", a);
  4
```

CHAPTER 2

화면에 출력은 printf()

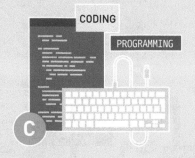

학습목표

- 변수 정의하기
- 정수, 실수 구별하기
- 산술 연산자
- 정수, 실수 출력하기

2.1 변수

변수란 프로그램을 실행할 때 데이터를 저장하기 위한 지갑과 같다. 지갑에는 여러 가지 화폐를 넣고 사용하기도 한다. 지갑에 있는 금액은 계속 변할 수 있다. 변수(variable)는 컴퓨터의 기억장소의 이름을 의미하며 프로그램 실행 중에 그 값을 변경 시킬 수 있다.

- 변수의 첫 글자는 영문자로 시작하고 1~32자까지 가능하다.
- 변수는 대문자, 소문자를 구별하며 a, A 는 다른 변수가 된다.

변수에 입력 할 수 있는 데이터 종류는 정수, 실수, 문자가 있다.

1, 1.2, c, abc12 이 4개의 데이터를 살펴보자. 1 은 소수점이 없는 정수, 1.2 는 소수점이 있는 실수, c 는 1개 문자. abc12 는 5개의 문자열로 구분 할 수 있다.

컴퓨터에서 정수, 실수, 1개 문자. 문자열은 컴퓨터 내부에 보관하는 방법이 다르므로 프로그램에서 정확히 사용해야 한다. 문자열은 주소, 이름 등을 입력할 수 있다.

① 정수	② 실수	③ 문자
int a;	float f;	char ch1='c'; (1개 문자)
a=1;	f=1.2;	char str[6]="abc12"; (문자열)

컴퓨터에 있는 숫자, 문자, 문자열을 화면에 출력하기 위해서는 다음과 같은 형식의 printf()를 사용하고 printf 함수라고 한다.

형식   *printf*("*제어문자열*", *데이터*);

printf()함수는 '('와 ')' 사이에 제어문자열과 데이터로 구별하며 제이문자열은 필수이고 데이터는 선택이다. 형식의 내용은 기울임체를 사용하여 명령을 의미한다.

```
a=3, b=1;
printf("a= %d, b= %d ", a, b);
```

위를 실행하면 a= 3, b= 1 이 화면에 출력된다. printf 함수 내부의 %d 2개는 각각 a, b와 대응이 된다.

여기서 "" 내부의 문장은 제어문자열, **%d** 는 변환문자, a, b는 데이터가 된다. 제어문자열 내에서 변환문자가 아닌 문자열은 변환 없이 출력된다.

변환문자의 종류는 〈표 2.1〉과 같이 **%d, %f, %c, %s** 가 있으며 각각 정수, 실수, 문자 1개, 문자열로 대응 된다.

〈표 2.1〉 printf() 출력문의 변환문자

변환문자	데이터	예
%d	정수	1, 0, -2
%f	실수	1.2, 0.0, -1.2
%c	문자 1개	'A', 'a', '3'
%s	문자열	"ABC", "abc", "A12"

2.2 소수점이 없는 수, 정수

소수점이 없는 숫자는 정수(integer)이다. 다음은 모두 정수이다.

```
12,   34,   0,   -12,   -34
```

다음과 같이 a, b1 라는 변수를 정수형으로 선언할 수 있다.

형식 *변수 = 데이터 ;*

예 int a;
   int b1=3;
   int a, b1=3;

a, b1=3 으로 각각 선언할 수 도 있고 int a, b1=3 와 같이 2개 이상의 변수를 1문장에 선언이 가능하고 변수 선언과 동시에 초기값을 정의 할 수 있다.

산술 연산자는 다음과 같이 사칙연산(+, −, ×, ÷)을 위해 사용되는 부호를 의미하며 프로그래밍에서는 +(덧셈), -(뺄셈), *(곱셈), /(나눗셈)이다. 〈표 2.2〉는 산술 연산자의 사용 예이다.

〈표 2.2〉 산술 연산자와 수식 표현

연산	기호	사용 예 및 결과
덧셈	+	a = 5 + 2, a=7
뺄셈	–	b = 2 – 5, b=-3
곱셈	*	c = 5 * 2, c=10
나눗셈	/	d = 5 / 2, d=2
나머지	%	e = 5 % 2, e=1
대입	=	f = 2

나눗셈 연산에서 d = 5 / 2 는 2.5 이지만 소수점 이하가 없는 정수이므로 d=2 가 되고 정수 나눗셈은 몫을 계산하는 것이 된다.

나머지 연산에서 e = 5 % 2 는 나머지 연산이므로 e=1이 된다.

나머지 연산을 이용하여 홀수, 짝수, 배수를 판단 할 수 있으며 만약 2로 나누어 나머지가 0 이면 짝수 1 이 되면 홀수가 된다. 또한 3으로 나누어 나머지가 0이면 3의 배수가 된다.

대입 연산에서 f = 2 는 2를 f에 입력하는 것이 된다.

```
a=1;
a=a+1;
```

위 2개 명령을 실행하면 a=2가 된다. 즉 a+1의 값을 a에 입력하는 것이 된다.

다음 프로그램에서 수치로 연산자를 사용 및 printf()함수를 이용하여 화면에 출력하여 보자.

순서도를 보면 프로그램의 흐름을 알 수 있고 순서도에서 시작과 끝 사이에 있는 내용이 프로그램에서 '{'부터 '}'까지로 되어 있다. 프로그램 문장의 끝에는 ';'이 있다.

수식인 경우에는 순서도와 프로그램이 동일하다.

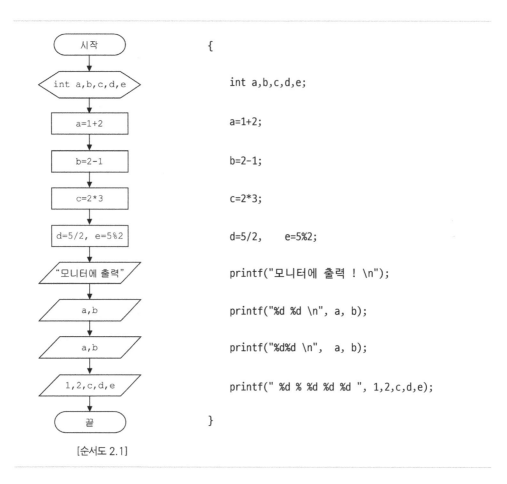

```
{

    int a,b,c,d,e;

    a=1+2;

    b=2-1;

    c=2*3;

    d=5/2,    e=5%2;

    printf("모니터에 출력 ! \n");

    printf("%d %d \n", a, b);

    printf("%d%d \n",  a, b);

    printf(" %d % %d %d %d ", 1,2,c,d,e);

}
```

[순서도 2.1]

PROGRAMMING

```
/* p02-1.c */
#include <stdio.h>
void main()
{   int a,b,c,d,e;

    a=1+2;
    b=2-1;
    c=2*3;
    d=5/2,     e=5%2;

    printf("모니터에 출력 ! \n");
```

```
    printf("%d %d \n", a, b);
    printf("%d%d \n",  a, b);
    printf(" %d %d %d %d %d ", 1,2,c,d,e);
}
```

▸ d=5/2,   e=5%2;

  d=5/2는 5/2의 몫 2가 되고 e=5%2는 5/2의 나머지 1이 된다.

▸ printf("모니터에 출력 ! \n");

  제어문자열만 출력을 하고 '\n'은 화면에서 커서의 위치를 다음 줄로 이동하며 '이스케이프 시컨스'라고 하며 '백슬래시 n' 이라고 읽는다.

▸ printf("%d %d \n", a, b);
  printf("%d%d \n", a, b);

  위 두 문장의 차이점은 2개의 %d 사이의 빈 칸 1개이다. 첫째 문장은 a, b의 결과가 1칸 뛰어져 '3 1'이 출력되고 둘째 문장은 a, b의 결과가 빈칸 없이 '31'이 출력되어 구분을 할 수 없다.

▸ printf(" %d %d %d %d %d ", 1,2,c,d,e);

  위 문장에서는 처음 %d 앞에 공백이 1개 있으므로 화면에서 '1' 앞에 공백 1칸이 있음을 알 수 있다. 1, 2와 같이 printf()문장으로 상수 값을 직접 출력할 수 있다.

다음 프로그램에서 변수로 연산자를 사용 및 printf()함수의 제어문자열에 문자열을 사용하여 보자. *printf("제어문자열", 데이터);* 의 제어문자열 내용은 변환 없이 출력이 되고 변환문자는 데이터로 변경이 된다.

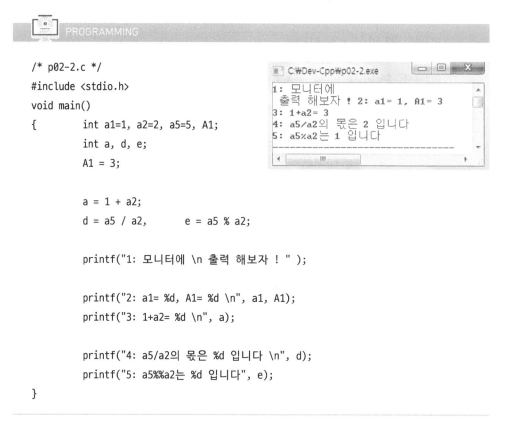

```
/* p02-2.c */
#include <stdio.h>
void main()
{        int a1=1, a2=2, a5=5, A1;
         int a, d, e;
         A1 = 3;


         a = 1 + a2;
         d = a5 / a2,        e = a5 % a2;


         printf("1: 모니터에 \n 출력 해보자 ! " );


         printf("2: a1= %d, A1= %d \n", a1, A1);
         printf("3: 1+a2= %d \n", a);


         printf("4: a5/a2의 몫은 %d 입니다 \n", d);
         printf("5: a5%%a2는 %d 입니다", e);
}
```

▸ printf("1: 모니터에 \n 출력 해보자 ! ");

제어문자열 중간에 \n으로 '출력 해보자'는 화면에 다음 줄에 출력이 되어 있고 ! 다음에 \n 이 없으므로 2
번 printf()문장이 연결되어 출력이 된다.

▸ printf("2: a1= %d, A1= %d \n", a1, A1);

변수 선언에서 a1=1, A1=3이다. C언어에서는 소문자와 대문자를 구별하므로 다른 변수가 되므로 주의해
야 한다.

▸ printf("5: a5%%a2는 %d 입니다", e);

제어문자열 안에서 %는 변환문자 이므로 화면에 %를 출력하기 위해서는 %%로 하면 제어문자로 인식하
지 않고 % 1개만 화면에 출력이 된다.

2.3 소수점이 있는 수, 실수

소수점이 있는 숫자는 실수(float)이다. 다음은 모두 실수이다.

> 1.2, 3.4, 0.0, -1.2, -3.4

다음 프로그램에서 printf()로 실수를 출력하고 정수, 실수로 변환은 각각 (int), (float)을 사용한다. 실수는 소수점 6자리까지 출력이 되며 %.1f 와 같이 소수점 1자리로 출력을할 수 있다.

PROGRAMMING

```c
/* p02-3.c */
#include <stdio.h>
void main()
{   float f, f1, f2;
    int  a1, i, i3;

    f = 1.12 + 2.003;        // 3.123

    printf("1: f= %f \n", f);
    printf("2: f= %.1f \n", f);
    printf("3: f= %.3f \n\n", f);

    a1 = (int) (3.0 / 2.0);
    f1 = (float) 3/2;
    f2 = (float) (3/2);

    printf("4: a1= %d \n", a1);
    printf("5: f1= %f \n\n", f1);
    printf("6: f2= %f      ", f2);
}
```

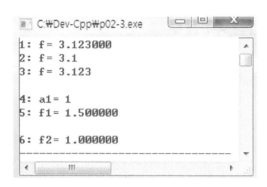

▸ printf("1: f= %f \n", f);
printf("2: f= %.1f \n", f);
printf("3: f= %.3f \n\n", f);

%f 변환문자는 소수점 6자리, %.1f와 %.3f는 각각 소수점 1자리 3자리를 출력하여 원하는 자리 수까지 출력을 할 수 있다.

▸ printf("4: a1= %d \n", a1);

a1은 (3.0 / 2.0)의 결과 1.5 를 정수로 변환 하면 1이 된다.

▸ printf("5: f1= %f \n\n", f1);

f1은 (float) 3에서 3이 실수가 되어 실수 연산결과 f1이 1.5가 된다.

▸ printf("6: f2= %f   ", f2);

f2는 (3/2)이 1이므로 f2로 실수로 변환되어 1.000000 이 된다.
위의 (int), (float)는 바로 뒤에 있는 데이터의 형을 변환 할 수 있는 캐스트연산자라고 한다.

2.1 다음과 같은 실행 결과의 프로그램을 코딩하여 보자. p02-4.c

170은 정수, 60.5는 실수 변수로 printf() 함수를 사용하여 출력을 하자. 실수변수
는 소수점 6 자리로 출력이 된다.

2.2 다음과 같이 출력이 되는 반지름이 r1=1.0, r2=2.0인 원의 면적 s1, s2를 계산하는 프
로그램을 작성하여 보자. p02-5.c

원의 면적은 π * r^2 = pi * 반지름 * 반지름 이다. 원주율 pi=3.14로 정의하자. pi
와 반지름 r1, r2 는 실수변수로 하고 반지름은 소수점 1 자리, 원의 면적 s1, s2는
소수점 2 자리로 출력을 하자.

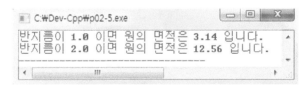

※ 참고: 다음 그림에서 반지름 r=1 인 경우 원 외부의 정사각형은 넓이가 4이고, 원 내부
의 마름모의 넓이는 2 이므로 원의 넓이는 이 중간이 된다.

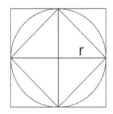

연습문제

창의력 향상을 위하여 [____]에 적당한 값을 먼저 구하고 실행하여 보자. 그리고 다운로드한 프로그램과 비교하여 보자 !

```c
/* p02-4.c */
#include <stdio.h>

  [ 1 ]  main()
{   [ 2 ]  h;
   float w;

   h=[ 3 ]
   w=60.5;

   printf("나의 이름은 홍길동 입니다 [ 4 ]");
   [ 5 ]   ("키는 [ 6 ] Cm 이고 몸무게는 %f kg 입니다", [ 7 ], w);
}
```

```c
/* p02-5.c */
#include <stdio.h>

void main()
{   [ 1 ]  pi, r1, r2, s1, s2;

   pi=3.14;
   r1=1.0;
   r2=[ 2 ]

   s1 = pi * [ 3 ] * r1;
   [ 4 ] = pi * r2 * r2;

   [ 5 ]   ("반지름이 [ 6 ] 이면 원의 면적은 %.2f 입니다.\n", [ 7 ] ,s1);
   printf("반지름이 %.1f 이면 원의 면적은 [ 8 ] 입니다.", r2, [ 9 ] );
}
```

CHAPTER 3

배열과 문자열

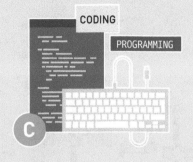

학습목표

- 배열 정의하기
- 문자, 문자열 구분하기
- 배열, 문자 출력하기

3.1 3번 학생의 점수는? 배열

교실에서 3번 하면 한 학생이 해당된다. 3번 학생의 이름은? 3번 학생의 점수는?

이러한 방법으로 교실에서 번호로 해당 학생의 이름과 점수를 알 수 있다. 이것이 배열 개념이다. 프로그램에서는 이름[3], 점수[3] 으로 3번 학생의 이름과 점수를 표현하는데 [3]으로 학생 번호를 지정한다. 결국 배열은 우리가 일상생활에 많이 사용하는 개념이 되며 프로그램에서는 이름[3], 점수[3]을 name[3], score[3]과 같이 알파벳으로 하는 것 이 프로그램을 입력하는데 편리하다.

5명 학생의 수학 점수의 평균을 구하려고 한다. 프로그램에서는 어떻게 처리할까?
일반적으로 프로그램에서는 이러한 같은 종류의 데이터는 배열로 처리한다.
배열(array)이란 같은 종류의 데이터를 연속적으로 보관하는 기억장소를 의미하며 배열 이름과 괄호로 둘러싸인 인덱스(index)를 이용하여 접근 할 수 있다.

각각의 변수를 배열의 원소라고 하며 만약 a[5]로 선언되면 a[0], a[1], a[2], a[3], a[4] 의 5개 원소로 구성되며 a[5] 는 정의 되지 않는다. 인덱스 위치에는 a[3], a[i], a[i+3] 등으로 상수, 변수, 수식으로 표현이 가능하며 인덱스의 값은 정수 값 이어야 한다.

배열의 인덱스는 0부터 시작한다.

```
int a[5]={87, 80, 90, 85, 83};
a[0]=87, a[1]=80; 인 경우 a[0]=87, a[1]=80, a[4]=83
```

87	80	90	85	83

a[5] -->   a[0],   a[1],   a[2],   a[3],   a[4]
배열이름=a, 인덱스=5

배열에 데이터는 위와 같이 첫째문장은 5개의 원소에 데이터를 한 문장으로 입력하는 방 법이고, 둘째문장은 배열의 원소에 1개씩 입력하는 방법이다.

1차원 배열이란 인덱스의 개수가 a[5]와 같이 1개 이고, a[2,3] 이면 인덱스의 개수가 2 개 이므로 2차원 배열이 된다.

위와 같이 점수가 5개인 경우 각각을 a1,a2,a3,a4,a5와 같이 다른 변수로 정의 하는 것 보다 배열 a[5]로 정의하여 데이터를 처리하는 것이 편리하다.

3.2 5명 학생의 점수 합과 평균

5명의 점수가 〈표 3.1〉과 같은 경우 1차원 배열을 이용하여 합과 평균을 구하여 보자.

학생의 번호는 0부터 4번까지 이고 평균은 점수를 모두 합하여 5로 나누면 된다.

〈표 3.1〉

번호	0번	1번	2번	3번	4번
점수	87	80	90	85	83
a[i]	a[0]	a[1]	a[2]	a[3]	a[4]

5명의 점수의 합을 구하고 5로 나누면 소수점이 발생 할 수 있으므로 프로그램에서는 avg = (float) s/5; 에서 s 를 자료형 변환 연산자인 (float)를 이용하여 실수로 변환 하였다.

PROGRAMMING

```
/* p03-1.c */
#include <stdio.h>
void main()
{   int a[5]={87, 80, 90, 85, 83};

    int s, s1;
    float avg;

    s1= 87 + 80 + 90 + 85 + 83;
    s= a[0] + a[1] + a[2] + a[3] + a[4];
    avg=(float)s/5;
```

```
        printf("1: %d %d %d %d %d \n", a[0], a[1], a[2], a[3], a[4]);
        printf("2: %d \n", a[5]);

        printf("3: s1= %d \n", s1);
        printf("4: s= %d \n", s);
        printf("5: avg= %.2f ", avg);
    }
```

▸ int a[5]={87, 80, 90, 85, 83};

배열 a의 5개 원소에 데이터를 입력한다.

▸ s1= 87 + 80 + 90 + 85 + 83;
 s= a[0] + a[1] + a[2] + a[3] + a[4];

합 s1 과 s 는 동일하다.

▸ avg=(float)s/5;

평균값은 5로 나누는 경우 소수점이 발생할 수 있으므로 실수로 변환한다.

▸ printf("1: %d %d %d %d %d \n", a[0], a[1], a[2], a[3], a[4]);
 printf("2: %d \n", a[5]);

배열의 각 원소의 값을 출력한다. a[5]는 정의가 되지 않으므로 실행할 때 마다 다른 값이 출력이 된다.

▸ printf("3: s1= %d \n", s1);
 printf("4: s= %d \n", s);

합 s1 과 s 는 동일하다.

▸ printf("5: avg= %.2f ", avg);

평균값을 소수 2째 자리까지 출력한다.

3.3 3번 학생의 이름은? 문자열

컴퓨터에 문자 'a'를 보관하는 방법을 생각해 보자. 키보드에서 문자 'a'를 누르면 컴퓨터의 메모리에 'a'가 보관된다. 'a' 라는 모양이 기억 되는 것은 아니며 〈표 3.2〉를 참조하면 아스키(ASCII)코드로 숫자 97 이 메모리에 보관된다. 키보드에 있는 각 문자를 각각 0~127 까지의 숫자로 대응하여 국제표준코드인 아스키코드로 보관하며 이 아스키코드는 부록 1. '아스키코드'를 참고 할 수 있다.

다음은 모두 문자이다. 문자를 작은따옴표로 정의하며 작은따옴표에 1개 문자만 있어야 한다.

```
'a', 'b', 'A', '3', '+', '%', '?'
```

다음은 모두 문자열이다. 큰따옴표로 문자열을 정의한다.

```
"abc", "ABC", "a12", "A+%", "A3@"
```

C 언어에서는 문자 1개와 문자열은 메모리에 보관하는 방법이 다르며 문자는 1개 문자, 문자열은 여러 개의 문자로 구성되어 문자와 문자열을 구분한다.

문자열은 이름, 주소 등을 보관하는데 사용한다. 문자열를 스트링(string)이라고 하며 문자열은 1차원 배열을 이용하여야 한다.

```
char ch1='k';
char s[6]="abc12";
```

위 문장에서 문자 1개와 문자열은 ' ' 와 " " 로 구별이 된다. "abc12"는 5개 문자이지만 s[6]으로 선언이 되어 있다.

문자는 5개이지만 〈표 3.2〉와 같이 문자 뒤에 널(NULL) 문자('\0', 아스키 코드의 값이 0임)가 있어야 문자열의 끝임을 알 수 있도록 설계되어 총 6개 문자이므로 1차원 배열이 s[6]으로 선언이 되어야 한다.

문자열인 경우 (문자수+1) 이상으로 1차원 배열이 되어야 한다. s[6]="abc12"로 선언을 하면 컴파일러가 자동으로 널 문자를 생성한다.

〈표 3.2〉 "abc12"의 아스키코드값

문자	'a'	'b'	'c'	'1'	'2'	'\0'
아스키코드값(10진수)	97	98	99	49	50	0
배열	s[0]	s[1]	s[2]	s[3]	s[4]	s[5]

다음 프로그램에서 문자와 문자열을 구별하여 보자.

printf() 출력문을 이용하여 문자열의 1개 문자의 위치와 해당 아스키코드를 출력하여 보자.

문자열의 길이는 strlen()함수를 이용하면 알 수 있고 strlen()함수를 사용하기 위해서는 #include <string.h>의 문장이 필요하다.

PROGRAMMING

```
/* p03-2.c */
#include <stdio.h>
#include <string.h>
void main()
{   char ch='A',   s[6]="abc12";
    int  slen;

    slen=strlen(s);         //5

    printf("1: %c %s \n", ch, s);
    printf("2: %d \n", slen);
```

```
C:\Dev-Cpp\p03-2.exe
1: A abc12
2: 5
3: a b c 1 2
4: 97 98 99 49 50 0
5: A 12c12
```

```
        printf("3: %c %c %c %c %c %c \n", s[0],s[1],s[2],s[3],s[4],s[5]);
        printf("4: %d %d %d %d %d %d \n", s[0],s[1],s[2],s[3],s[4],s[5]);

        s[0]='1', s[1]='2';
        printf("5: %c %s", ch, s);
    }
```

▸ #include <string.h>

이 문장은 아래의 strlen()함수를 사용하므로 필요한 함수이다.

▸ char ch='A';
char s[6]="abc12";
int slen;

ch는 문자 1개, s는 최대 5개의 문자열, slen 은 정수로 선언한다.

▸ slen=strlen(s);   //5

strlen(s) 함수는 문자열 s 의 문자수를 알려주므로 여기서는 5가 된다.

▸ printf("1: %c %s \n", ch, s);
 printf("2: %d \n", slen);

문자 1개 ch는 %c, 문자열 s는 %s, 문자 수 slen는 %d로 대응이 되어 출력된다.

▸ printf("3: %c %c %c %c %c %c \n", s[0],s[1],s[2],s[3],s[4],s[5]);

문자열의 각 문자를 1개씩 출력하고 s[5]는 아스키코드 값이 0 이므로 해당문자가 없으므로 화면에 출력
이 되지 않는다.

▸ printf("4: %d %d %d %d %d %d \n", s[0],s[1],s[2],s[3],s[4],s[5]);

문자열의 각 문자를 1개씩 해당 아스키코드 값을 출력하고 s[5]는 아스키코드 값이 0 임을 알 수 있다.

▸ s[0]='1', s[1]='2';
printf("5: %c %s", ch, s);

s[0]='1', s[1]='2';을 실행하면 s="12c12" 가 출력되어 문자열 "abc12"의 ab가 12로 변경 되어 있음
을 알 수 있다.

연습문제

3.1 다음과 같은 실행 결과의 프로그램을 코딩하여 보자. p03-3.c

홍길동은 문자열 변수, 170은 정수, 60.5는 실수 변수로 printf() 함수를 사용하여
실수는 소수점 2자리로 출력을 하자.

```
C:\Dev-Cpp\p03-3.exe
나의 이름은 홍길동 입니다
키는 170 Cm 이고 몸무게는 60.50 Kg 입니다
```

3.2 다음과 같은 실행 결과의 프로그램을 코딩하여 보자. p03-4.c

1차원 배열을 이용하여 〈표 3.3〉의 점수 합과 평균을 구하여 보자.

학생은 3명이고 번호는 0부터 2번이다. 배열명은 b[i] 정수, 합은 s 정수, 평균은
avg 실수로 정의하고 소수점 1째 자리까지 출력을 하자.

〈표 3.3〉

번호	0번	1번	2번
점수	85	75	80
b[i]	b[0]	b[1]	b[2]

```
C:\Dev-Cpp\p03-4.exe
85 75 80
s= 240
avg= 80.0
```

창의력 향상을 위하여 ☐에 적당한 값을 먼저 구하고 실행하여 보자. 그리고 다운
로드한 프로그램과 비교하여 보자 !

```c
/* p03-3.c */
#include   1

void main()
{    2   h;
    float w;
    char strn[10]="홍길동";

    h=170;
    w=60.5;

    printf("나의 이름은   3   입니다 \n",   4  );
    printf("키는   5  Cm 이고 몸무게는 %.2f kg 입니다",   6  , w);
}
```

```c
/* p03-4.c */
  1   <stdio.h>

void main()
{    int b[3]={85, 75,   2  };

    int s;
      3   avg;

    s= b[0] +   4   + b[2];
    avg=   5   s/3;

    printf(" %d %d %d \n",   6  , b[1], b[2]);

    printf(" s= %d   7  ", s);
    printf(" avg=   8  ", avg);
}
```

CHAPTER 4

키보드로 입력은
scanf()

학습목표

• 키보드로 입력하기

• 문자열 길이 알기

• 변수 크기 알기

4.1 scanf()로 입력하자.

컴퓨터에서 키보드를 이용하여 데이터를 입력 하거나 모니터와 프린터 등으로 출력하는 경우를 입출력이라 하며 scanf() 함수로 키보드를 이용하여 데이터를 입력 할 수 있다.

다음 〈표 4.1〉에는 scanf() 함수의 정수, 실수, 문자 1개, 문자열을 사용하는 형식이다.

〈표 4.1〉 scanf() 입력문

사용예	데이터	예
scanf(" %d", &a);	정수	a=3
scanf(" %f", &f);	실수	f=1.2
scanf(" %c", &ch1);	문자 1개	ch1='a'
scanf(" %s", str);	문자열	str="abc"

scanf 명령으로 변수를 입력 할 수 있는 윈도의 창이 열리고 정수 데이터인 경우 만약 3을 입력하면 a=3 이 되며 이 값은 printf 출력명령에 의해 화면에 3이 출력이 되어 키보드에서 입력을 하고 컴퓨터에서 처리된 결과를 모니터에서 확인 할 수 있는 입출력 명령이 된다.

scanf 명령으로 데이터 형식지정이 " %d" 이면 정수 데이터가 입력이 되어야 한다.
scanf에서 데이터 입력 변수가 a에서 '&a' 로 되어 있어 '&' 가 있음을 유의하고 scanf 명령에서 정수, 실수, 문자 변수 앞에는 '&'가 필요하다. C 언어의 규칙이라고 생각하자.

문자열을 입력하는 경우에는 scanf(" %s", str); 이며 scanf에서 문자열인 경우에는 변수 앞에 '&'를 추가 할 필요가 없다.

scanf(" %d", &a); 에서 % 앞에 빈칸 1개가 있는 것은 데이터 입력을 할 때 에러를 방지하기 위함이므로 유의하자. 문자 1개인 %c에서 빈칸이 없는 경우 입력에러가 발생 할 수 있다.

다음 프로그램에서 scanf() 함수를 이용하여 정수, 실수, 문자 1개, 문자열을 구별하여 보자. 정수는 1, 실수는 1.2, 문자 1개는 a, 문자열은 asd를 입력하여 보자.

PROGRAMMING

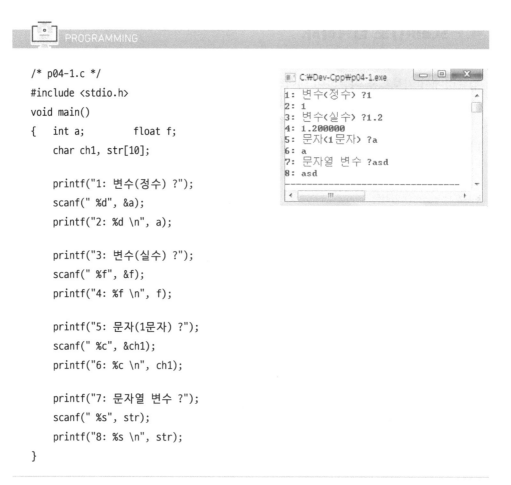

```
/* p04-1.c */
#include <stdio.h>
void main()
{   int a;          float f;
    char ch1, str[10];

    printf("1: 변수(정수) ?");
    scanf(" %d", &a);
    printf("2: %d \n", a);

    printf("3: 변수(실수) ?");
    scanf(" %f", &f);
    printf("4: %f \n", f);

    printf("5: 문자(1문자) ?");
    scanf(" %c", &ch1);
    printf("6: %c \n", ch1);

    printf("7: 문자열 변수 ?");
    scanf(" %s", str);
    printf("8: %s \n", str);
}
```

scanf() 함수 내에 정수는 %d, 실수는 %f, 문자는 %c , 문자열은 %s 로 변환문자가 사용이 되어 있다.

▸ printf("1: 변수(정수) ?");

입력 메시지를 출력하여 정확하게 입력하기 위함이다.

▸ scanf(" %d", &a);

문자변환이 %d 이므로 정수로 입력이 된다.

▸ printf("2: %d \n", a);

입력된 정수를 화면에 출력한다.

위의 정수 입력명령으로 실수, 문자, 문자열을 입력하는 경우 에러가 발생하므로 입력
시 데이터의 종류에 유의를 해야 한다.

실행결과는 정수 1, 실수 1.2, 문자 a, 문자열 asd 를 입력하는 경우이며 정확하게 입력이 되고 출력 되는 것을 알 수 있다.

4.2 문자열 길이

scanf()함수로 문자열을 입력하는 경우 strlen()함수로 입력되는 문자열의 길이를 알 수 있고 scanf()함수로 배열에 데이터를 입력하는 경우 &a[1]과 같이 배열 앞에 scanf()**함수 '&'** 가 있어야 한다.

다음 프로그램에서 scanf() 함수를 이용하여 입력한 문자열의 길이와 배열에 데이터를 입력하여 보자. 문자열은 asdfg, 배열 a[1]은 12를 입력하여 보자.

PROGRAMMING

```
/* p04-2.c */
#include <stdio.h>
#include <string.h>
void main()
{   int a[5], slen;
    char s[20];

    a[0]=0, a[1]=1;
    printf("1: 문자열 변수 ?");
    scanf(" %s", s);
    printf("2: %s \n", s);

    slen=strlen(s);
    printf("3: %d \n", slen);

    printf("4: a[1] 값은 ?");
    scanf(" %d", &a[1]);

    printf("5: a[0]= %d \n", a[0]);
    printf("6: a[1]= %d \n", a[1]);
}
```

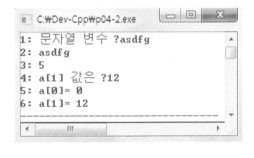

C:\Dev-Cpp\p04-2.exe
```
1: 문자열 변수 ?asdfg
2: asdfg
3: 5
4: a[1] 값은 ?12
5: a[0]= 0
6: a[1]= 12
```

▸ printf("1: 문자열 변수 ?");
scanf(" %s", s);
printf("2: %s \n", s);

임의의 문자열을 입력하기 위해 메시지를 출력하고 입력을 하고 출력을 한다.

▸ slen=strlen(s);
printf("3: %d \n", slen);

입력한 문자열의 문자 개수를 strlen()로 계산하고 출력한다.

▸ printf("4: a[1] 값은 ?");
scanf(" %d", &a[1]);

배열 a[1]에 데이터 입력은 scanf() 내에서 &a[1] 로 해야 한다.

▸ printf("5: a[0]= %d \n", a[0]);
printf("6: a[1]= %d \n", a[1]);

a[0]과 변경된 a[1] 값을 확인한다.

실행결과는 문자열 asdfg 를 입력하는 경우 출력문장 2,3에서 입력된 asdfg 와 문자길이 5 를 확인할 수 있고, a[1]이 초기값이 1 인데 12 로 변경 된 것을 알 수 있다.

4.3 변수의 크기

변수의 크기는 sizeof()함수를 이용하여 각 변수들이 메모리 공간을 사용하는 바이트 수를 알 수 있다. Dev-C 에서는 정수, 실수는 4바이트 크기이고 sizeof(int)와 같이 변수명을 직접 사용 할 수 있다. 문자열인 경우 s[10]="abc12' 와 같이 5개 문자 5 바이트 이지만 선언된 문장에서의 크기 10 바이트가 된다.

다음 프로그램에서 sizeof() 함수를 이용하여 정수, 실수, 문자열, 배열의 크기를 구별하여 보자.

PROGRAMMING

```c
/* p04-3.c */
#include <stdio.h>
//#include <string.h>
void main()
{   int    a1=1, a, b, c[5];
    float f1=1.2;

    char ch1='a', s[10]="abc12";

    a=sizeof(a1);
    b=sizeof(f1);
    printf("1: %d %d \n", a, b);

    a=sizeof(int);
    b=sizeof(float);
    printf("2: %d %d \n", a, b);

    a=sizeof(ch1);
    b=sizeof(s);
    printf("3: %d %d \n", a, b);

    a=sizeof(c);
    printf("4: %d ", a);
}
```

```
C:\Dev-Cpp\p04-3.exe
1: 4 4
2: 4 4
3: 1 10
4: 20
_____
```

▸ a=sizeof(a1); b=sizeof(f1);
  printf("1: %d %d \n", a, b);
  a1, f1 은 정수, 실수 이므로 각각 4바이트 이다.

▸ a=sizeof(int); b=sizeof(float);
  printf("2: %d %d \n", a, b);
  int, float 은 정수, 실수 이므로 각각 4바이트 이다.

▸ a=sizeof(ch1); b=sizeof(s);
  printf("3: %d %d \n", a, b);
  ch1, s 문자, 문자열의 크기는 1, 10 바이트 이다.

▸ a=sizeof(c);
  printf("4: %d ", a);
  배열 c[5]는 정수 1원소에 4바이트 이므로 20바이트가 된다.

4.1 다음과 같은 실행 결과의 프로그램을 코딩하여 보자. p04-4.c

이름, 키, 몸무게는 scanf() 함수를 이용하여 입력을 하자.

홍길동은 문자열 변수, 키는 정수, 몸무게는 실수 변수로 printf() 함수를 사용하여
실수는 소수점 1자리로 출력을 하자.

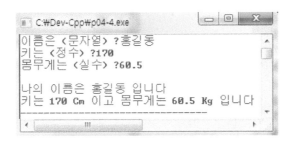

창의력 향상을 위하여 ☐에 적당한 값을 먼저 구하고 실행하여 보자. 그리고 다운 로드한 프로그램과 비교하여 보자 !

```c
/* p04-4.c */
    1
void main()
{   int h;
    float w;
    char strn[10];

    printf("이름은 (문자열) ?");
    scanf(" %s",   2   );

    printf("키는 (정수) ?");
      3   (" %d", &h);

    printf("몸무게는 (실수) ?");
    scanf(" %f",   4   );

    printf("\n");
    printf("나의 이름은   5   입니다 \n", strn);
    printf("키는   6   Cm 이고 몸무게는   7   kg 입니다", h, w);
}
```

CHAPTER 5

선택구조 if 문

학습목표

- 변수 비교하기
- if 문
- if ~ else 문
- 다중 if 문

5.1 큰가 작은가 : 관계 연산자

관계 연산자는 if 문과 같은 선택구조에서 2개 변수를 큰가, 작은가, 같은가를 비교 하는 데 사용되며 연산의 결과는 참(true), 거짓(false) 으로 반환 된다.

참의 논리 값은 1 이고 거짓의 논리 값은 0 이다.

〈표 5.1〉은 관계 연산자의 종류이며 비교 연산자라고도 한다.

관계 연산자는 수치 데이터, 문자 데이터, 논리 데이터 등에 대하여 크기를 비교 한다.

〈표 5.1〉 관계 연산자의 종류

관계 연산자	의미	사용 예	논리 값
==	같다	a=(3 == 5)	a=0, False
!=	다르다	b=(3 != 5)	b=1, True
>	크다	c=(3 > 5)	c=0, False
<	작다	d=(3 < 5)	d=1, True
>=	크다(이상)	e=(3 >= 5)	e=0, False
<=	작다(이하)	f=(3 <= 5)	f=1, True

다음 프로그램으로 관계 연산자를 사용하여 보자. 비교대상은 수치 데이터와 문자 데이터이고 결과가 참이면 1 거짓이면 0 이 된다.

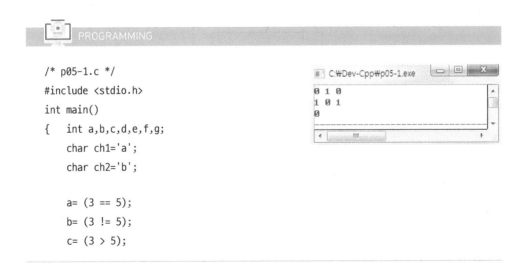

PROGRAMMING

```
/* p05-1.c */
#include <stdio.h>
int main()
{   int a,b,c,d,e,f,g;
    char ch1='a';
    char ch2='b';

    a= (3 == 5);
    b= (3 != 5);
    c= (3 > 5);
```

```
C:\Dev-Cpp\p05-1.exe
0 1 0
1 0 1
0
```

```
        d= (3 < 5);
        e= (3 >= 5);
        f= (3 <= 5);

        g= (ch1 == ch2);

        printf("%d %d %d \n", a,b,c);
        printf("%d %d %d \n", d,e,f);
        printf("%d", g);
    }
```

5.2 if 문

형식 *if (조건식) {실행문장;}*

if 문은 조건식을 판단하여 조건식이 참이면 실행문을 수행하며 프로그램의 흐름을 결정하는 매우 중요한 요소이다. 조건식이 참인 경우 Y 로, 거짓인 경우 N 로 이동한다.

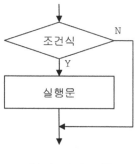

[순서도 5.1] if 문

다음 프로그램으로 if 문을 사용하여 입력된 수가 짝수이면 '짝수'를 출력하여 보자.
짝수를 판단하기 위하여 산술연산자 a % 2 명령을 사용하며 결과가 0이면 짝수이다. 순서도에서 짝수이면 '짝수'가 출력되고 짝수가 아니면 출력되지 않는다.

다음 프로그램에서 if 문은 3가지 형태로 1 문장, 2 문장, 여러 문장으로 사용되어 있다.

프로그램에서 if 의 실행 문장이 1개 문장이 아닌 경우 if 다음 줄에 '{' 입력한 다음 실행
문장들을 기술하고 마지막에 if 문의 끝을 표시하는 '}'가 필요하다.

1개 문장이라도 '{   }'를 사용하는 것이 읽기가 명확해지고 나중에 문장을 추가하는 경우
편리하다.

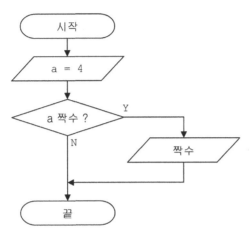

[순서도 5.2] 짝수 출력

PROGRAMMING

```
/* p05-2.c */
#include <stdio.h>
void main()
{   int a;
    a = 4;

    if ( (a % 2) == 0) printf("%d 짝수\n", a);

    if ( (a % 2) == 0)
    {    printf("%d 짝수\n", a); }

    if ((a % 2) == 0)
    {    printf("%d 짝수", a);
        printf("\n");
    }
}
```

C:\Dev-Cpp\p05-2.exe

```
4 짝수
4 짝수
4 짝수
```

5.3 if ~ else 문

■ 형식 *if (조건식) {실행문1;}*
　　　　else {실행문2;}

if ~ else 문은 조건식이 참이면 **실행문1**을 실행하고 거짓이면 else 에 해당하며 **실행문2**를 실행한다.

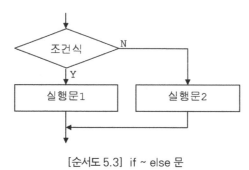

[순서도 5.3] if ~ else 문

다음 프로그램으로 if ~ else 문을 사용하여 짝수이면 짝수, 홀수이면 홀수를 출력하여 보자. 초기치 5 이므로 '홀수'가 출력된다.

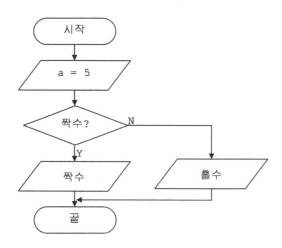

[순서도 5.4] 짝수, 홀수 출력

PROGRAMMING

```c
/* p05-3.c */
#include <stdio.h>
void main()
{   int a;
    a=5;

    if ((a%2)==0)
    {   printf("%d 짝수", a); }
    else
    {   printf("%d 홀수", a); }
}
```

```
■ C:\Dev-Cpp\p05-3.exe                    □  □   X
5 홀수
--------------------------------------------
◄        III                                ►
```

5.4 if 문 안에 if 문: 다중 if 문

형식   *if (조건식1)*
        실행문1;
    else if (조건식2)
        실행문2;
    else
        실행문3;

검사할 조건식이 2개 이상인 경우 if 문 안에 if 문이 있는 다중 if 문을 사용하며 else
if 문을 추가적으로 사용하며 여러 개의 조건식을 판단 할 수 있다.

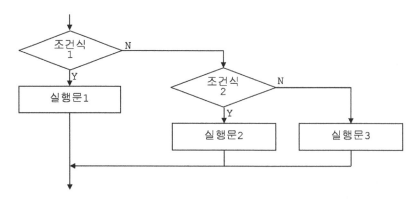

[순서도 5.5] 다중 if 문

다음 프로그램으로 if ~ else 문을 사용하여 입력된 수가 음수이면 '음수'를 출력하고 양
수이면 짝수, 홀수를 구분하여 '짝수', '홀수'를 출력하여 보자. 초기치가 -3 이므로 '음수'
가 출력이 된다.

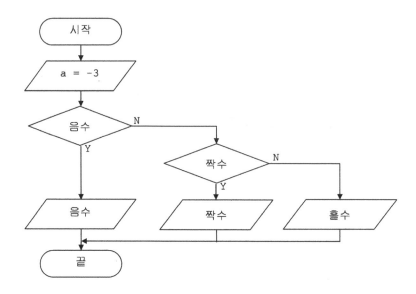

[순서도 5.6] 음수, 짝수, 홀수 출력

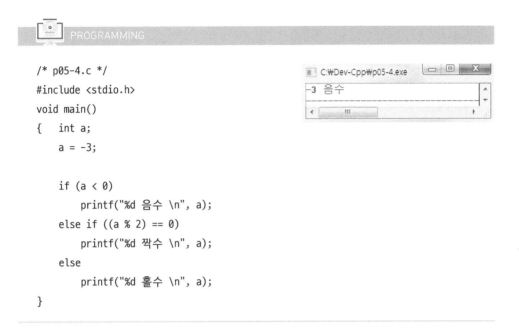

```
/* p05-4.c */
#include <stdio.h>
void main()
{   int a;
    a = -3;

    if (a < 0)
        printf("%d 음수 \n", a);
    else if ((a % 2) == 0)
        printf("%d 짝수 \n", a);
    else
        printf("%d 홀수 \n", a);
}
```

5.5 두 수 중에서 큰 수, 작은 수 판별

입력된 수는 A, B 이고 이 중에서 작은 수를 A, 큰 수를 B로 변경하고 작은 수, 큰 수 순서로 출력하여 보자.

순서도에서 A, B의 값을 교환하기 위해서 다음의 순서로 실행을 한다.

```
T ← A
A ← B
B ← T
```

위 3문장이 차례로 실행되면 A와 B의 값이 교환되며 프로그램에서 많이 사용하는 방법이 된다.

다음 프로그램으로 두 수 중에서 큰 수, 작은 수 판별하여 작은 수, 큰 수 순서로 출력하여 보자. 초기치가 a=3, b=1 이므로 a, b 가 교환이 되어 a=1, b=3 이 되어 출력이 된다.

```
/* p05-5.c */
#include <stdio.h>
void main()
{   int a, b, t;
    a=3; b=1;

    if (a > b)
    {   t = a;
        a = b;
        b = t;
    }
    printf("%d %d", a, b);
}
```

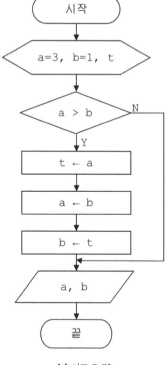

[순서도 5.7]

5.6 다중 **if** 문으로 **A, B, C, D** 등급 계산

다음 프로그램으로 입력되는 점수가 90점 이상이면 A, 80점 이상이면 B, 70점 이상이면 C, 60점 이상이면 D, 60점 미만이면 F를 출력하여 보자. 판단문이 4개 이므로 다중 if 문이 되고 초기치가 85점이므로 'B' 가 출력이 된다.

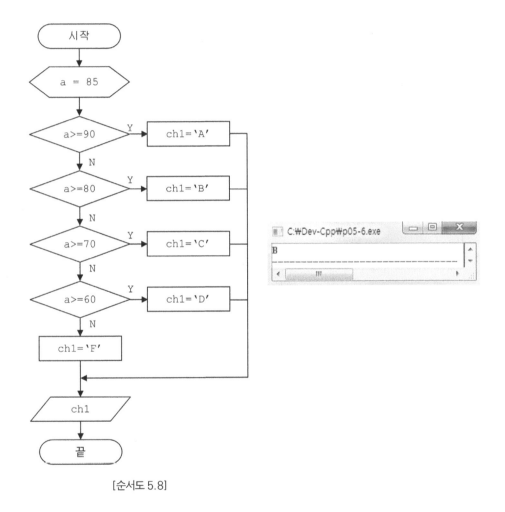

[순서도 5.8]

PROGRAMMING

```c
/* p05-6.c */
#include <stdio.h>
void main()
{   int i;
    char ch1;
    i=85;

    if (i>=90)
        ch1='A';
    else if (i>=80)
        ch1='B';
    else if (i>=70)
        ch1='C';
    else if (i>=60)
        ch1='D';
    else
        ch1='F';
    printf("%c", ch1);
}
```

다음과 같은 실행결과의 프로그램을 작성하여 보자.

5.1   if 문   `p05-7.c`

a는 정수이다. 만약 a가 4이면 a=4 를 출력하여 보자.

5.1   if~else문   `p05-8.c`

a는 정수이다. 만약 a가 4이면 a=4, 4가 아니면 a!=4 를 출력하여 보자.

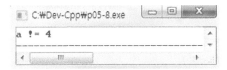

5.1   다중 if문   `p05-9.c`

a는 정수이다. 만약 a가 4이면 a=4, 4가 아닌 경우 3이면 a=3, 이외에는 a!=4 and a!=3 을 출력하여 보자.

창의력 향상을 위하여 [　　　]에 적당한 값을 먼저 구하고 실행하여 보자. 그리고 다운로드한 프로그램과 비교하여 보자!

```c
/* p05-7.c */
#include <stdio.h>
void main()

{   int a=4;
    [ 1 ] (a==4) [ 2 ] ("a=4");
}
```

```c
/* p05-8.c */
#include <stdio.h>
void main()
{   int a=5;

    [ 1 ] (a==4)
        printf("a=4");
    [ 2 ]
        printf("a != 4");
}
```

```c
/* p05-9.c */
#include <stdio.h>
void main()
{   int a=2;

    [ 1 ] (a==4)
        printf("a=4");
    [ 2 ] (a==3)
        printf("a=3");
    [ 3 ]
        printf("a!=4 and [ 4 ]");

}
```

CHAPTER 6

선택구조
switch 문

학습목표

- And, Or, Not 구분하기
- switch case 문

6.1 **And Or Not : 논리 연산자**

논리 연산자에는 〈표 6.1〉과 같이 And, Or, Not 3가지가 있다.

- And 는 논리곱으로 A, B 두 값 모두 1 일 때만 1 이다.
- Or 는 논리합으로 A, B 두 값 중 하나라도 1 이면 1 이다.
- Not 는 논리부정으로 A 값이 0 이면 1 , 1 이면 0 이다.

〈표 6.1〉 And, Or , Not

A	B	And		A	B	Or		A	Not
0	0	0		0	0	0		0	1
0	1	0		0	1	1		1	0
1	0	0		1	0	1			
1	1	1		1	1	1			

위 And, Or, Not 를 5명 학생의 영어, 수학점수가 〈표 6.2〉와 같은 경우 논리연산을 적용하여 보자.

영어점수는 80점 이상(이상은 80을 포함)이면 논리 1 이라고 하면 그림 6.1에서는 A 에 해당한다. 수학점수는 70점 이상이면 논리 1 이라고 하면 그림에서는 B 에 해당 한다.

- A and B : And 는 영어점수가 80점 이상 그리고 수학점수도 70점 이상이 되어야 한다.
  즉 2 조건을 모두 만족해야 한다.
  A>=80 and B>=70   1,2 번
- A or B : Or 는 영어점수가 80점 이상 이거나 수학점수가 70점 이상이면 된다.
  즉 2 조건 가운데 1가지만 만족하면 된다.
  A>=80 or B>=70   1, 2, 3, 4 번
- not A : Not 는 영어점수가 80점 이상이 안 되는 경우가 된다.
  not(A>=80)   4, 5 번

〈표 6.2〉 5명 학생의 국어, 수학 점수

번호	영어	수학	And	Or	Not A
1	90	100	1	1	0
2	80	80	1	1	0
3	80	60	0	1	0
4	60	80	0	1	1
5	60	60	0	0	1

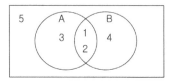

[그림 6.1]

〈표 6.3〉의 논리 연산자 And, Or, Not 는 프로그램에서 각각 And는 &&, Or 는 ||, Not는 ! 로 표현된다.

〈표 6.3〉 논리연산자의 종류

논리연산자	의미	사용 예
&&	And (두 값 모두 참일 때만 참)	(A > B) && (C < D)
||	Or (두 값 중 하나라도 참이면 참)	(A > B) || (C < D)
!	Not (참이면 거짓, 거짓이면 참)	! (A > B)

다음 프로그램에서 a, b 2개 수를 입력으로 논리 연산자를 사용하여 보자.

a, b 가 a>=80, b>=70 이 조건인 경우 a, b 가 And 조건을 만족하면 'And'를 출력, Or 조건을 만족하면 'Or'를 출력, a 가 Not 조건을 만족하면 'Not'를 출력하여 보자.

순서도에서 a=80, b=60 이므로 'Or' 조건만 만족하여 'Or'가 출력된다.

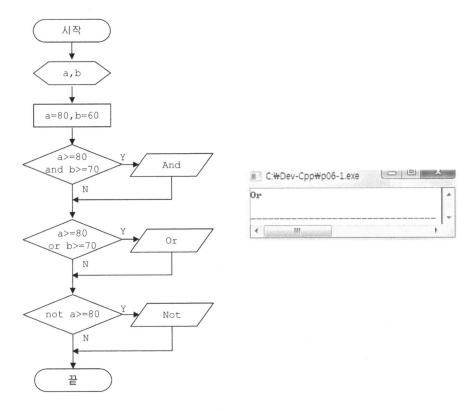

[순서도 6.1]

PROGRAMMING

```c
/* p06-1.c */
#include <stdio.h>
void main()
{   int a, b;
    a=80, b=60;

    if (a>=80 && b>=70) printf("And \n");

    if (a>=80 || b>=70) printf("Or \n");

    if (!(a>=80)) printf("Not \n");
}
```

다음 프로그램에서 a=1, b=2, c=3, d=4 인 경우 And 논리연산은 거짓, Or 논리연산은 참, Not 논리연산은 참이 된다. 실행결과에서는 0 1 1 이 출력되어 And 결과는 0, Or 는 1, Not 는 1이다.

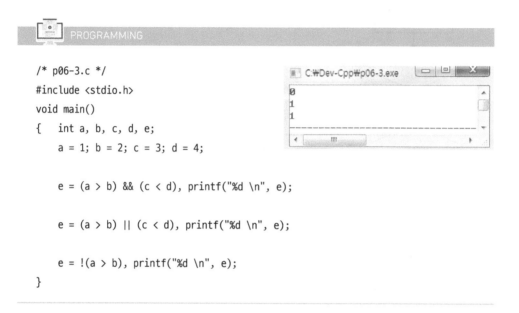

```
/* p06-3.c */
#include <stdio.h>
void main()
{   int a, b, c, d, e;
    a = 1; b = 2; c = 3; d = 4;

    e = (a > b) && (c < d), printf("%d \n", e);

    e = (a > b) || (c < d), printf("%d \n", e);

    e = !(a > b), printf("%d \n", e);
}
```

다음 프로그램에서 1~100 까지의 숫자가 1개 입력된다. 다음 조건을 만족하는 프로그램을 작성하여 보자.

1. 1~100 까지의 숫자가 아닌 경우 '1' 을 출력 한다.
2. 15~60 까지는 '2'를 출력 한다
3. 1~10 까지 또는 61이상은 '3'을 출력 한다.
4. 11~14까지는 '4'를 출력 한다.

순서도에서 a=15 이므로 2번째 선택문에서 2가 출력이 된다.

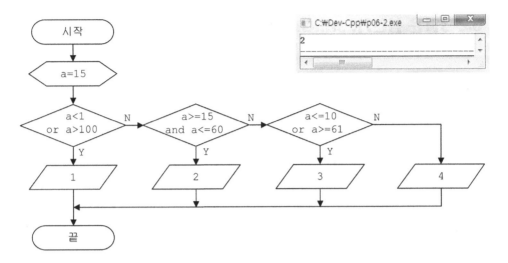

[순서도 6.2]

PROGRAMMING

```c
/* p06-2.c */
#include <stdio.h>
void main()
{   int a, b;
    a=15;

    if (a<1 || a>100 )
            printf("1");
    else if (a>=15 && a<=60)
            printf("2");
    else if (a<=10 || a>=60)
            printf("3");
    else
            printf("4");
}
```

6.2 3월은 봄인가? switch case문

switch case 문은 조건 변수를 판단하여 여러 개의 실행 블록 중 하나를 선택하여 분기한다. 다중 if 문으로 표현이 가능하지만 switch case 문을 사용하면 이해가 빠르고 간결한 구문으로 다중선택의 기능을 할 수 있다.

switch case 문은 'switch' 뒤의 '(식)'의 값을 case 문에 있는 비교값을 차례로 비교하여 (식)의 값과 일치하는 비교값이 있는 실행문을 실행하고 break 문으로 switch case 문을 종료한다. 만약 (식)의 값과 일치하는 비교값이 없는 경우 default 뒤의 실행문을 실행한다. 여기서 '(식)'은 정수형이 되어야 한다.

형식
```
switch ( 식 )
    case 비교값1:
        실행문1; break;
    case 비교값2:
        실행문2; break;
        . . . . . . . .
    default:
        실행문;
```

다음 프로그램에서 1월~12월의 숫자를 입력하면 봄, 여름, 가을, 겨울을 switch case 문을 이용하여 출력해 보자. 입력이 3, 4, 5 중 1개 이면 '봄'이 출력된다. 만약 입력이 1~12 가 아니면 '1~12 !' 를 출력한다.

순서도에서 a=3 이고 3월이므로 '**봄**'을 출력하고 순서도의 끝으로 이동은 프로그램에서 break에 해당하며 switch case 문의 종료를 의미한다.

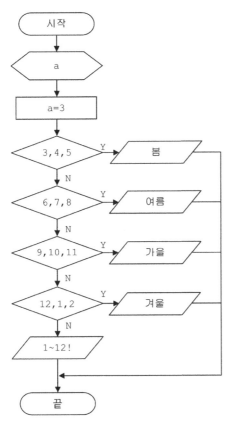

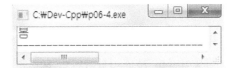

[순서도 6.3]

PROGRAMMING

```c
/* p06-4.c */
#include <stdio.h>
void main()
{   int a;
    a=3;

    switch(a)
    {   case 3:
        case 4:
        case 5: printf("봄"); break;
        case 6: case 7:    case 8:
            printf("여름"); break;
```

```
        case 9: case 10: case 11:
            printf("가을"); break;

        case 12: case 1: case 2:
            printf("겨울"); break;
        default: printf("1~12 !");
    }
}
```

다음 프로그램에서 switch case 문을 이용하여 입력되는 점수가 90점 이상이면 A, 80점
이상이면 B, 70점 이상이면 C, 60점 이상이면 D, 60점 미만이면 F를 출력하여 보자.

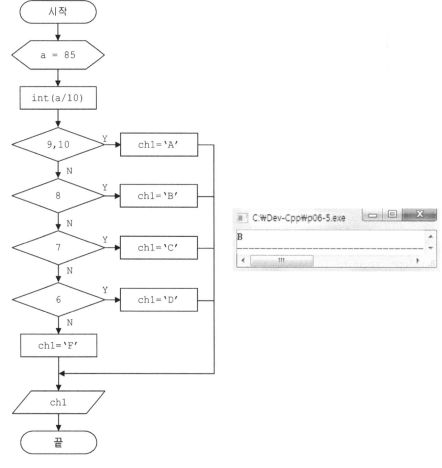

[순서도 6.4] switch case문

순서도에서 a=85 이므로 B가 출력이 된다. 프로그램에서 점수를 (int)(a/10) 으로 계산하면 결과는 0~10의 정수가 되어 switch 문을 사용할 수 있다.

PROGRAMMING

```c
/* p06-5.c */
#include <stdio.h>
void main()
{   int a;
    char ch1;

    a=85;
    switch((int)(a/10))
    {   case 10: case 9:
                ch1='A'; break;
        case 8:  ch1='B'; break;
        case 7:  ch1='C'; break;
        case 6:  ch1='D'; break;
        default: ch1='F';
    }
    printf("%c", ch1);
}
```

연습문제

6.1 50~90 까지의 숫자가 1개 입력되는 경우 다음 조건을 만족하는 프로그램을 if 문장을 이용하여 작성하여 보자. p06-6.c

  a. 50~90 까지의 숫자가 아닌 경우 'a' 을 출력 한다.

  b. 70~79 까지는 'b'를 출력 한다

  c. 이 외의 숫자 이면 'c'을 출력 한다.

6.2 1~100의 숫자가 입력되는 경우 다음 조건을 만족하는 프로그램을 switch case 문장을 이용하여 작성하여 보자. p06-7.c

  a. 1, 2, 3 이면 'a' 을 출력 한다.

  b. 4, 5, 6 이면 'b' 을 출력 한다.

  c. 7, 8 이면 'c' 을 출력 한다.

  d. 9   이면 'd'를 출력한다.

  e. 이 외의 숫자 이면 'e' 을 출력 한다.

창의력 향상을 위하여 ☐에 적당한 값을 먼저 구하고 실행하여 보자. 그리고 다운로드한 프로그램과 비교하여 보자 !

```c
/* p06-6.c */
#include <stdio.h>
void main()
{   int a, b;
    a=85;
    if (a<50  1  a>90 )
            printf("a");
    else if (a>=70  2  a<=79)
            printf("b");
    else
            printf("c");
}
```

```c
/* p06-7.c */
#include <stdio.h>
void main()
{   int a;
    char ch1;

    a=3;

    ⌷1⌷(a)
    {   case 1: ⌷2⌷: case 3:
                ch1='a'; break;
        case 4: case 5: case 6:
                ch1='b'; ⌷3⌷;
          ⌷4⌷
                ch1='c'; break;
        case 9:
                ch1='d'; break;
          ⌷5⌷: ch1='e';
    }
    printf("%c", ch1);
}
```

CHAPTER 7

반복구조 for 문

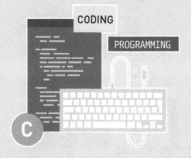

CODING

PROGRAMMING

C

7.1 1 ~ 10 까지 합은?

> 1 + 2 + 3 + 4 + 5 + 6 + 7 + 8 + 9 + 10 = 55

위의 수 들을 처음부터 1항, 2항, 3항이라고 하고 각 항들은 현재의 항에서 +1 하면 다음 항이 되는 규칙이 있으므로 반복처리가 가능하다.

반복처리 문제를 해결하기 위해 가장 많이 사용하는 for 문이며 지정한 회수만큼 실행 문장을 실행한다.

형식   *for (변수 = 초기값; 조건식; 증감값)*   증감값은 정수, 실수가 가능하다.
　　　　　{ 실행문; }

for 문의 반복은 다음 2번을 반복한다.

1. 변수의 초기값이 조건식을 만족하면 실행문을 실행한다.
2. 실행 한 후에 변수를 증감값으로 계산한 후에 조건식을 만족하면 실행문을 실행한다.

다음 프로그램에서 1에서 10까지 정수의 합을 구하여 보자.

프로그램에서 i=3, j=3; 으로 i, j 가 3 이다. i++; 명령으로 i=4, j--; 명령으로 j=2 가되어 4, 2가 출력이 된다.

++ 와 -- 를 증감 연산자라고 한다. 'i++;' 인 경우 i=i+1;, 'j--;' 인 경우 j=j-1; 과 같은 연산을 하므로 입력에 편리한 점이 있다.

순서도의 2개 반복문 첫 문장에 각각 i=1, 10 과 i=10, 1, -1 이 있다.

i=1, 10 은 i=1, 10, +1의 +1이 생략된 문장이 되고 1에서 10까지 1씩 증가를 의미한다.

i=10, 1, -1 은 10 에서 1 까지 1씩 감소를 의미한다. 반복문은 각각 10번씩 반복을 한다.

프로그램의 sum1=0, sum2=0; 문장은 sum1, sum2 의 초기값이며 합을 구하는 경우 초기값은 0 이 되어야 된다.

1부터 증가하면서 sum1에 합을 하고 10부터 감소를 하면서 sum2에 합을 한다.

PROGRAMMING

```
/* p07-1.c */
#include <stdio.h>
void main()
{   int i, j, sum1, sum2;
    sum1=0, sum2=0;

    i=3, j=3;
    i++;     //i=i+1
    j--;     //j=j-1
      printf("%d %d \n", i, j);

    for(i=1; i<=10; i++)
        sum1=sum1+i;

    for(i=10; i>=1; i--)
        sum2=sum2+i;

    printf("%d %d ", sum1, sum2);

}
```

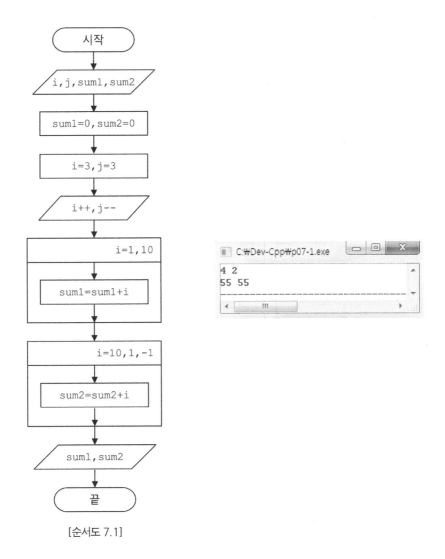

[순서도 7.1]

7.2 **10의 약수를 구하자**

다음 프로그램에서 10의 약수를 구하며 보자. 10은 1, 2, 5, 10 으로 나누어지므로 1, 2, 5, 10이 약수가 되고 1 과 10이 포함되어 4개가 된다.

약수는 임의의 수 N에서 1과 자기 자신의 수 N을 포함하고 어떤 수로 나누어지는 수를 의미한다. 6은 2, 3으로 나누어지므로 약수는 1, 2, 3, 6이 된다.

다음 프로그램으로 10의 약수를 구하여 보자.

순서도에서 n=10 이므로 (n % i) = 0 이면 i 로 나누어지므로 약수가 되고 출력이 된다.

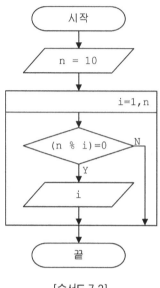

[순서도 7.2]

PROGRAMMING

```c
/* p07-2.c */

#include <stdio.h>
void main()
{   int n, i;

    n = 10;

    for(i = 1; i<= n; i++)
    {
        if ((n % i) == 0)
            printf("  %d", i);
    }
    printf("\n");
}
```

7.3 두 수사이의 합, 개수 구하기

2 ~ 9 까지의 합을 구하고 짝수의 개수를 구하여 보자.

> 2 + 3 + 4 + 5 + 6 + 7 + 8 + 9 = 44

순서도에서 i = 2, 9 이므로 2부터 9까지 반복이 되며 (i % 2)=0에서 2 로 나누어 0 이면 짝수가 되어 cnt가 +1 된다. 짝수는 2, 4, 6, 8 이므로 4개가 된다.

프로그램에서 일반적으로 개수는 cnt 로 정의를 하여 많이 사용한다. 합, 개수를 구하는 경우 sum, cnt 의 초기치를 0 으로 하는 것에 유의해야 한다.

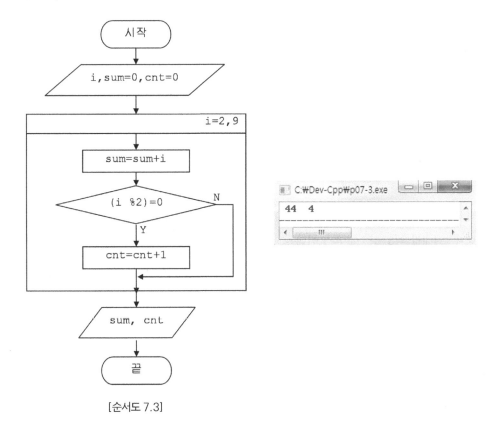

[순서도 7.3]

PROGRAMMING

```c
/* p07-3.c */
#include <stdio.h>
void main()
{
    int i, sum, cnt;
    sum = 0; cnt = 0;

    for (i = 2; i <= 9; i++)
    {
        sum = sum + i;
        if ((i % 2) == 0)
            cnt = cnt + 1;
    }
    printf(" %d  %d \n", sum, cnt);
}
```

7.4 최대값과 최소값

배열에 5개의 데이터 (5, 3, 1, 4, 2)가 있는 경우 최대값(max)과 최소값(min)을 구하여 보자. 최대값은 5, 최소값은 1 이다.

최대값과 최소값을 구하기 위해서는 최대값(max), 최소값(min)을 보관하는 변수가 필요하고 max와 min변수의 초기치는 예상 입력 데이터 값의 범위를 벗어나는 값을 사용하며 위 데이터인 경우 max=0, min=9이면 가능하다.

만약 학생들의 시험 점수이면 0~100 까지 이므로 초기치가 max=-1, min=101 이면 예상 입력 데이터 값을 벗어나며 초기치 max는 min 보다 작은 것이 특징이다.

최대값(max), 최소값(min)의 초기치를 동일하게 max=a[0], min=a[0]으로 하여도 가능하다.

PROGRAMMING

```c
/* p07-4.c */
#include<stdio.h>
void main()
{   int i = 0, max = 0, min = 9;
    int a[5] = {5, 3, 1, 4, 2};

    for(i = 0; i < 5; i++)
    {   if(a[i] > max)
            max = a[i];
        if(a[i] < min)
            min = a[i];
        printf("  %d", a[i]);
    }
    printf("\n  %d  %d \n", max, min);
}
```

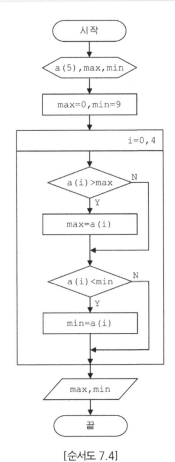

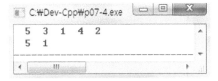

[순서도 7.4]

7.5 +, -를 반복 하자: 스위치 변수

다음과 같은 수열의 6번째 항까지 합을 구하여 보자.

```
1 - 2 + 3 - 4 + 5 - 6 + 7 - 8 + 9 - 10
```

첫 항의 부호는 +이고 둘째 항은 -이며 문제의 모든 항에서 홀수 항의 부호는 + 짝수 항은 -가 된다.

부호가 +에서 -로 계속 변화하는 것을 일반적으로 sw변수라고 하며 스위치 변수의 초기 값을 sw=1로 하고 sw = sw * (-1)로 하면 이 문장을 실행할 때마다 sw 값의 부호가 변화 하며 이 방법을 순서도에 적용한다.

PROGRAMMING

```c
/* p07-5.c */
#include <stdio.h>
void main()
{   int i, sw, s=0;
    sw=1;

    for(i = 1; i <= 6; i++)
    {
        s = s + i * sw;
        sw = sw * (-1);
    }
    printf(" %d", s);
}
```

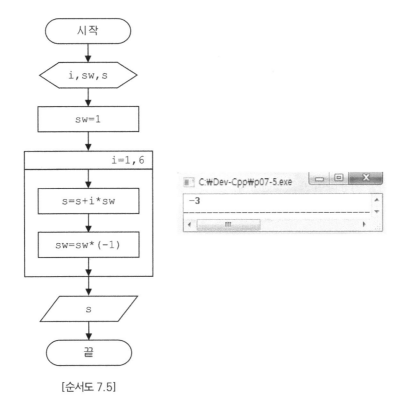

[순서도 7.5]

7.1 다음 수열의 3부터 11까지 5개 항을 더하는 프로그램을 작성하여 보자. p07-6.c

3 + 5 + 7 + 9 + 11 + 13 + . . .

이 수열은 시작이 3이고 다음 항은 이전 항에서 +2하면 가능한 것이 규칙이므로 이 규칙을 이용하여 프로그램하자.

```
C:\Dev-Cpp\p07-6.exe
35
```

7.2 3 ～ 10 까지의 합을 구하고 홀수의 개수를 구하여 보자. p07-7.c

홀수는 3, 5, 7, 9 이므로 4개가 된다.

```
C:\Dev-Cpp\p07-7.exe
52  4
```

창의력 향상을 위하여 [　　　]에 적당한 값을 먼저 구하고 실행하여 보자. 그리고 다운
로드한 프로그램과 비교하여 보자 !

```c
/* p07-6.c */
#include <stdio.h>
void main()
{   int i, j, sum;

    sum= 1 ;
    j=3;

    for( 2 ; i<=5; 3 )
    {   sum= 4 ;
        j= 5 ;
    }
    }
    printf("%d ", sum);
}
```

```c
/* p07-7.c */
#include <stdio.h>
void main()
{   int i, sum, cnt;
    sum=0, cnt= 1 ;

    for(i=3; 2 ; i++)
    {   sum= 3 ;
        if(( 4 )==1)
            cnt= 5 ;
    }
    printf("%d %d", sum, cnt);
}
```

C H A P T E R 8

반복구조
while 문

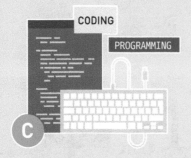

while 문

8.1 1 ~ 10 까지 합은?

반복처리 문제를 해결하기 위한 while 문과 do ~ while 문이다.

while 문은 순서도 8.1에서 먼저 조건식을 판단하고 실행문의 실행을 결정한다. 만약 조건식이 참(true)이면 실행문을 실행하고 다시 조건식으로 가는 반복처리 형식이다. while 문은 처음 조건식을 판단하는 경우 거짓(false)이면 실행문이 한 번도 실행이 안 될 수 있다.

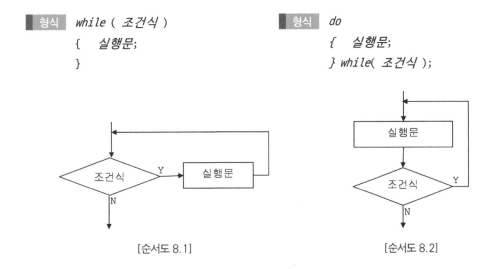

형식	*while (조건식)*
	{ 실행문;
	}

형식 *do*
{ 실행문;
} while(조건식);

[순서도 8.1] [순서도 8.2]

do ~ while 문은 순서도 8.2에서 먼저 실행문을 실행한 뒤 조건식을 판단하여 만약 조건식이 참(true)이면 실행문을 반복 처리하는 형식이다. do ~ while 문은 적어도 실행문이 한번 이상 처리가 된다.

다음 프로그램에서 1~10 까지 정수의 합을 while문과 do ~ while문을 이용하여 구하여 보자.

순서도 8.3의 판단문은 2개 이고 위의 판단문은 while 문이 되고 아래의 판단문은 do ~ while 문이 된다.

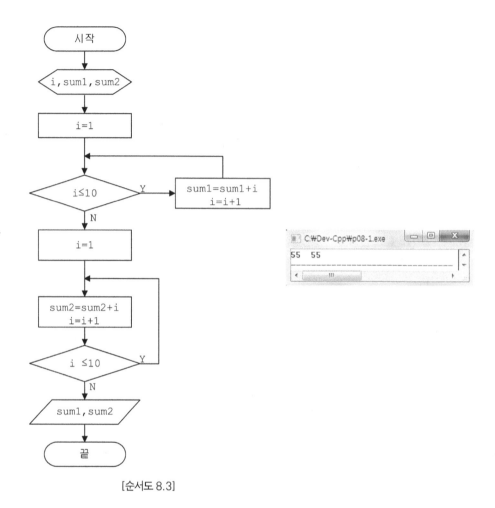

[순서도 8.3]

```
/* p08-1.c */
#include <stdio.h>
void main()
{
    int i, sum1, sum2;
    sum1 = 0; sum2 = 0;
```

```
    i = 1;
    while (i <= 10)
    {
        sum1 = sum1 + i;
        i = i + 1;
    }


    i = 1;
    do     {
        sum2 = sum2 + i;
        i = i + 1;
    } while (i <= 10);

    printf("%d  %d", sum1, sum2);
}
```

8.2 범위의 개수

배열에 5개의 데이터 (5, 3, 1, 4, 2)가 있는 경우 3이상의 숫자는 몇 개인가?

3이상은 3이 포함되므로 5, 3, 4이며 3개가 된다.

프로그램 앞부분에 #define MAX 5 에서 MAX는 5가 되며 문장 끝에 ';' 이 없다. 프로그램에서 변하지 않는 상수인 경우 #define 으로 정의하며 변수와 구별하기 위하여 일반적으로 대문자를 사용한다. 순서도에서 2번째 판단문이 do~while 문이 된다.

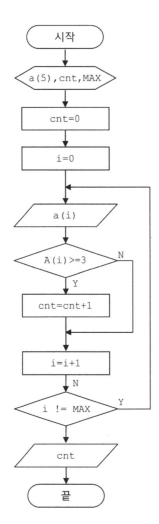

[순서도 8.4]

PROGRAMMING

```c
/* p08-2.c */
#include <stdio.h>
#define MAX 5

void main()
{
    int i, cnt=0;
    int a[MAX]={5,3,1,4,2};
```

```
    i=0;
    do
    {   printf(" %d", a[i]);
        if(a[i]>=3)
            {cnt=cnt+1; }
        i=i+1;
    } while(i != MAX);

    printf("\n");
    printf(" %d", cnt);
}
```

8.3 2의 거듭 제곱

다음 프로그램에서 2^n (n= 1 ~ 10)을 출력하여 보자.

순서도 8.5에서 판단기호 이하 부분이 while 문 구조가 된다. 2의 거듭 제곱값 mul은
mul=1 로 초기값으로 되어 있고 mul*2 를 반복하면 가능하다. i 변수는 1부터 10 까지 변
화한다.

〈표 8.1〉 2의 거듭 제곱

n	2^n	2^n	2^n
1	2	2^1	2
2	2 * 2	2^2	4
3	2 * 2 * 2	2^3	8
4	2 * 2 * 2 * 2	2^4	16
5	2 * 2 * 2 * 2 * 2	2^5	32
6	2 * 2 * 2 * 2 * 2 * 2	2^6	64
7	2 * 2 * 2 * 2 * 2 * 2 * 2	2^7	128
8	2 * 2 * 2 * 2 * 2 * 2 * 2* 2	2^8	256
9	2 * 2 * 2 * 2 * 2 * 2 * 2 * 2 * 2	2^9	512
10	2 * 2 * 2 * 2 * 2 * 2 * 2 * 2 * 2 * 2	2^{10}	1024

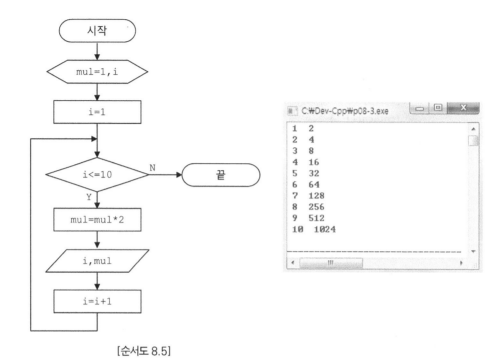

[순서도 8.5]

PROGRAMMING

```c
/* p08-3.c */
#include <stdio.h>
void main()
{   int i, mul;
    mul=1;
    i=1;

    while(i<=10)
    {   mul=mul*2;
        printf(" %d  %d \n", i, mul);
        i=i+1;
    }
}
```

8.4 실행 중에 중단하고 다음으로, break 문

for 문이나 while 문을 실행하다 상황에 따라 반복구간을 벗어나야 하는 경우 break 문을 사용한다. for 문, while 문의 실행을 중단하고 반복구간의 다음 문장을 실행한다.

for 문에서 break 문의 사용이다. 다음 프로그램으로 1~100 까지 정수의 합을 구하는 중 변수가 10이 되면 중단하고 10 까지의 합을 구하고 결과를 출력하여 보자.

순서도에서 i = 10 이 되면 for 반복문을 중단하고 출력문을 실행한다. 프로그램에서 이 중단이 break 문에 해당한다.

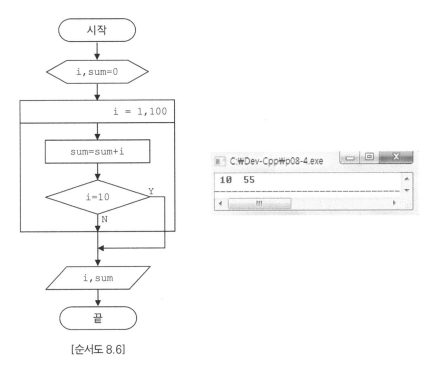

[순서도 8.6]

PROGRAMMING

```
/* p08-4.c */
#include <stdio.h>

void main()
{   int i, sum;
```

```
    i = 1; sum = 0;

    for(i = 1; i <= 100; i++)
    {   sum = sum + i;
        if (i == 10) break;
    }
    printf(" %d  %d", i, sum);
}
```

while 문에서 break 문의 사용이다. 위의 프로그램과 동일한 1~100 까지 정수의 합을 구하는 중 변수가 10이 되면 중단하고 10까지의 합을 구하고 결과를 출력하여 보자. 순서도에서 i = 10 이 되면 while 반복문을 중단하고 출력문을 실행한다. 프로그램에서 이 중단이 break 문에 해당한다.

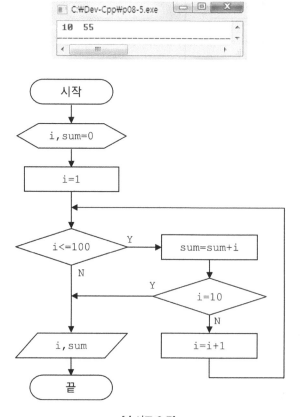

[순서도 8.7]

PROGRAMMING

```c
/* p08-5.c */
#include <stdio.h>
void main()
{   int i, sum;
    i=1, sum=0;

    while(i<=100)
    {
        sum=sum+i;
        if(i==10) break;
        i=i+1;
    }
    printf("%d %d \n", i, sum);
}
```

8.5 목적지로 바로가자, goto 문

goto 문을 사용하면 지정된 레이블로 분기 한다. 레이블명은 변수명과 동일하게 작성이 가능하고 레이블명 뒤에는 ':'이 있어야 한다.

형식 *레이블명:*

　실행문;

goto 문을 많이 사용하면 코드가 복잡해지므로 많이 사용하지 않는 것이 바람직하다.

다음 프로그램으로 1~10까지 정수의 합을 구하여 보자. 순서도에서 i=i+1 문장이 goto 문의 목적지가 되고 프로그램에서 'loop1:' 이 레이블이 된다.

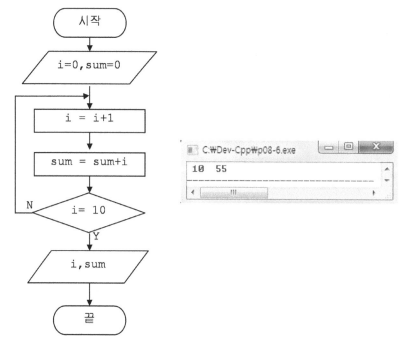

[순서도 8.8]

PROGRAMMING

```c
/* p08-6.c */
#include <stdio.h>
void main()
{
    int i, sum;

    i = 0; sum = 0;
loop1:
    i = i + 1;
    sum = sum + i;
    if (i != 10) goto loop1;

    printf(" %d  %d", i, sum);
}
```

8.6 최대공약수

12와 16의 최대공약수를 구하여보자.

두 개의 정수에서 최대 공약수는 각각의 공통인 약수들 중에서 최대가 되는 수를 의미한다. 12의 약수는 1, 2, 3, 4, 6 이고 16의 약수는 1, 2, 4, 8 이므로 공통인 약수는 1, 2, 4 이고 이 중 가장 큰 수인 4가 최대공약수가 된다.

유클리드(Euclid) 호제법을 이용하여 최대공약수를 구하여 보자.

1. 두 수 중 큰 수를 작은 수로 나누고 나머지를 구한다.
2. 작은 수를 큰 수로 하고 나머지를 작은 수로 결정하여 1번 과정을 반복하고 만약 작은 수가 0 이면 이때 큰 수가 최대공약수이다.

〈표 8.2〉에서 A=16, B=12이면 최대공약수는 4가 되고 만약 A=16, B=13이면 최대공약수는 1이 된다.

프로그램에서 'loop1:' 이 goto 문의 레이블이 된다.

〈표 8.2〉 최대공약수(4 인 경우)

단계	A	B	A % B
1	16	12	4
2	12	4	0
3	4	0	

〈표 8.2〉 최대공약수(1인 경우)

단계	A	B	A % B
1	16	13	3
2	13	3	1
3	3	1	0
4	1	0	

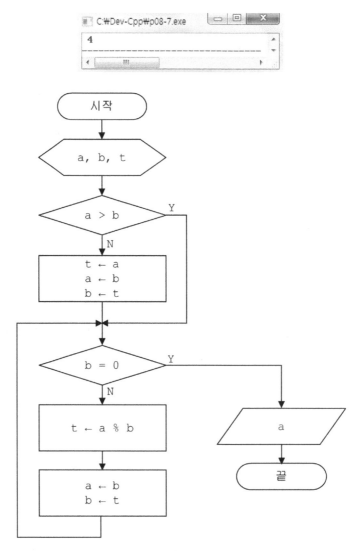

[순서도 8.9]

PROGRAMMING

```
/* p08-7.c */
#include <stdio.h>
void main()
{    int a,b,t;
```

```
    a=16, b=12;
    if(!(a>b))
    {   t=a;
        a=b;
        b=t;
    }
loop1:
    if(b==0)
        printf(" %d", a);
    else
    {   t = a % b;
        a=b;
        b=t;
        goto loop1;
    }
}
```

8.1   다음 수열의 3부터 11까지 5개 항을 더하는 프로그램을 while 문을 사용하여 작성하여
보자. p08-8.c

> 3 + 5 + 7 + 9 + 11 + 13 + . . .

이 수열은 시작이 3이고 다음 항은 이전 항에서 +2하면 가능한 것이 규칙이므로 이
규칙을 이용하여 프로그램하자.

8.2   배열에 7개의 데이터 (6, 5, 3, 7, 1, 4, 2)가 있는 경우 4이상의 숫자는 몇 개인가의
프로그램을 do ~ while 문을 사용하여 작성하여 보자. p08-9.c

4이상은 4가 포함되므로 6, 5, 7, 4 이며 4개가 된다.

창의력 향상을 위하여 ☐에 적당한 값을 먼저 구하고 실행하여 보자. 그리고 다운로드한 프로그램과 비교하여 보자 !

```
/* p08-8.c */
#include <stdio.h>
void main()
{   int i, j, sum;

    sum=0;
    i=  1  ;
    j=  2  ;
      3  (i<=5)
    {    sum=sum+j;
        j=  4  ;
        i=  5  ;
    }
    printf("%d ", sum);
}
```

```
/* p08-9.c */
#include <stdio.h>
#define MAX 7

void main()
{   int i, cnt=[  1  ];
    int a[  2  ]={6,5,3,7,1,4,2};

    i=0;
    [  3  ]
    {    printf(" %d", a[i]);
        if(a[i]>=4)
            cnt=[  4  ];
        i=[  5  ];
    } while(i [  6  ] MAX);

    printf("\n");
    printf(" %d", cnt);
}
```

CHAPTER 9

이중 반복구조

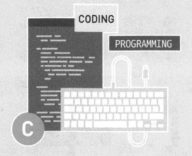

학습목표

- 이중 반복구조 이해하기
- 구구단 구하기
- 삼각형 모양 만들기
- 소수
- 석차
- 가장 가까운 수
- 1 + 1 + 2 + 3 + 5 + 의 합은?

9.1 구구단을 출력하자

이중 반복구조는 반복구조 내에 다시 반복구조가 있는 구조를 의미한다. 구구단은 1단에서 9단까지 있고 각 단마다 1에서 9까지 변하게 된다. 1단에서 9단의 단이 외부 반복이면 각 단에서 1에서 9까지 변하는 것은 내부 반복이 된다.

다음과 같은 실행결과가 되도록 프로그램을 작성하여 보자. 첫 출력문장은 1단이고 마지막은 9단이 된다.

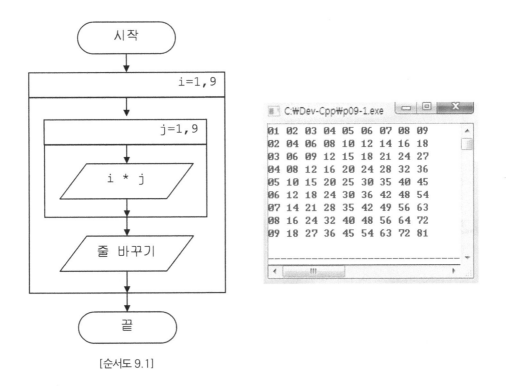

[순서도 9.1]

순서도에서 외부 반복의 i=1,9 의 i 는 단이 되고 내부 반복의 j=1,9 는 각 단에서 1 에서 9 까지 변화하는 내용이 된다. 출력문 printf ("%.2d ", i * j); 의 "%2.d " 는 정수를 2자리로 출력하고 d 뒤의 빈 1칸이므로 총 3자리로 정수가 출력이 된다.

PROGRAMMING

```c
/* p09-1.c */
#include <stdio.h>
void main()
{
    int i, j;

    for(i = 1; i <= 9; i++)
    {
        for(j = 1; j <= 9; j++)
            printf ("%.2d  ", i * j);

        printf("\n");
    }
}
```

9.2 삼각형 모양 만들자

'*' 를 이용하며 첫 줄은 1개, 둘째 줄은 2개로 줄이 증가하면 '*'도 하나씩 증가하여 다음과 같은 실행결과가 되도록 프로그램을 작성하여 보자.

순서도 9.2에서 외부 반복의 i=1,5 로 5번 반복을 한다. 내부 반복의 j=1,i 에서 j는 1에서 i 까지 변화를 한다. i가 1이면 j는 1 이 되고 i가 2이면 j는 1,2 가 되어 2개 *를 출력한다.

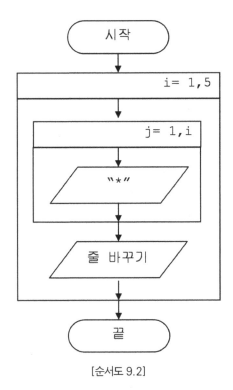

[순서도 9.2]

PROGRAMMING

```c
/* p09-2.c */
#include <stdio.h>
void main()
{
    int i, j;

    for(i = 1; i <= 5; i++)
    {
        for(j = 1; j <= i; j++)
            printf ("*");

        printf("\n");
    }
}
```

9.3 **2 ~ 10 까지 소수를 구하자**

2~10 까지의 수 중에서 소수를 구하여 보자. 7은 1과 7로 만 나누어지므로 소수이다.

소수(prime number)는 임의의 수 N에서 1과 자기 자신의 수 N으로만 나누어지는 수를 의미한다. 2에서 10까지는 2, 3, 5, 7이 소수이다.

소수를 구하는 방법은 임의의 수 N 이 있으면 2부터 N까지 계속 나누어서 나머지가 0 이 되는 경우가 자기 자신의 수 N 외에 있으면 소수가 아니다.

4는 2로 나누면 나머지가 0 이므로 소수가 아니다.

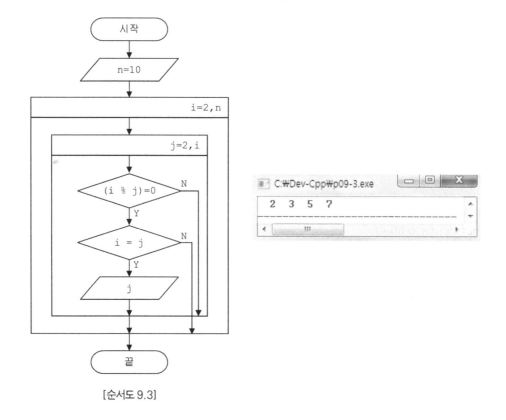

[순서도 9.3]

 PROGRAMMING

```
/* p09-3.c */
#include <stdio.h>
void main()
```

```
{   int n, i, j;
    n = 10;

    for(i = 2; i <= n; i++)
    {   for(j=2; j<= i; j++)
        {   if ((i % j)==0)
                if (j == i)
                    printf("  %d", j);
                else
                    break;
        }
    }
}
```

9.4 석차

배열에 5개의 데이터(5, 3, 1, 4, 2)가 있는 경우 석차를 구하여 보자.

5가 최고 큰 수 이므로 석차는 1등이 된다. 석차를 보관하는 배열이 필요하므로 r 배열을 정의하자. 1번째 데이터 5가 몇 등인가는 석차 배열 r(0)에 1 로 초기화 하고 첫 번째 데이터 5를 기준으로 하여 5개의 데이터 중 5 < a(i)이면 r(0)을 +1 하는 방법이다. 또한 3이 몇 등인가를 적용하면 r(1)=1 으로 초기화 하고 5개의 데이터 중 3 < a(i)이면 r(1)을 +1하므로 r(1)=3이 된다.

결국 해당 데이터의 등수를 1로 초기화하고 등수를 알려고 하는 데이터 보다 큰 수가 있으면 자기 자신의 등수를 +1 하는 방법을 이용하는 것이 된다.

PROGRAMMING

```
/* p09-4.c */
#include<stdio.h>
void main()
{   int i = 0, j = 0;
    int a[5] = {5, 3, 1, 4, 2};
```

```
int r[5] = {1, 1, 1, 1, 1};
for(i = 0; i < 5; i++)
{   for(j = 0; j < 5; j++)
    {   if(a[i] < a[j])
        r[i] = r[i] + 1;
    }
    printf(" %d %d \n", a[i], r[i]);
}
}
```

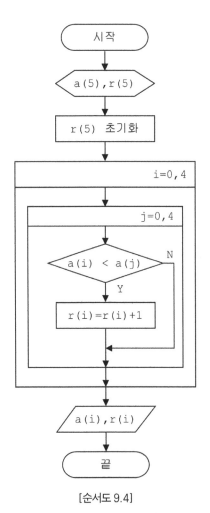

[순서도 9.4]

9.5 가장 가까운 수

1 ~ 5 사이의 수 가운데 3.7과 가장 가까운 수는 무엇인가?

3과 3.7의 차이는 0.7이고 4와 3.7은 0.3 이 되므로 가장 가까운 수는 4가 된다.

abs(x) 명령은 입력된 정수 x의 절대값을 계산하고 fabs(x)는 실수에 사용한다.

x의 값이 양수, 음수 관계없이 양수의 값이 된다.

```
abs(3) = abs(-3) = 3
fabs(1.2) = fabs(-1.2) = 1.2
```

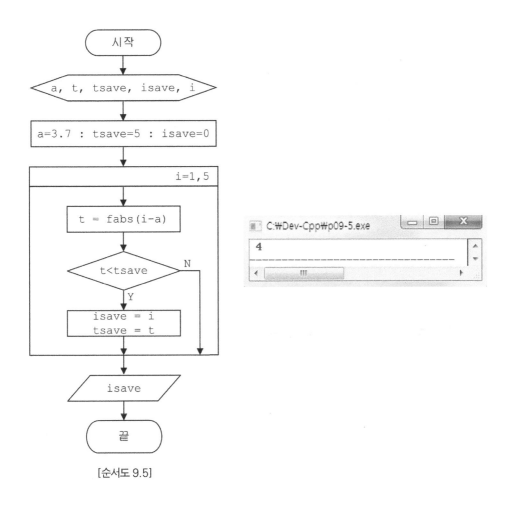

[순서도 9.5]

순서도에서 isave 는 가장 가까운 수를 보관하는 변수이고, tsave 는 fabs(i-a);에서 각수와 3.7의 차이를 보관하므로 tsave 가 가장 작은값의 i 가 가장 가까운 수가 된다. tsave 는 1~5 사이의 수들이므로 초기치는 5이면 가능하다.

PROGRAMMING

```c
/* p09-5.c */
#include <stdio.h>
#include <math.h>
void main()
{   int i, isave;
    float a, tsave, t;

    a=3.7, isave=0, tsave=5;

    for(i = 1; i<=5; i++)
    {   t = fabs(i-a);
        if (t < tsave)
        {   isave = i;
            tsave = t;
        }
    }
    printf(" %d", isave);
}
```

9.6 1 + 1 + 2 + 3 + 5 의 합은?

다음과 같은 수열의 5번째 항까지의 합을 구하여 보자.

수열은 수들이 열을 지어 있는 것을 의미하고 위와 같은 수열을 피보나치수열(Fibonacci Sequence)이라 한다.

- 수열: 1, 1, 2, 3, 5, 8, 13, 21, 34, 55 · · · · ·
- 항: a_1, a_2, a_3, a_4, a_5, a_6, a_7, a_8, a_9, a_{10}

  a, b, c

  a, b, c

피보나치 수열이란 첫째 항과 둘째 항이 a_1=1, a_2=1로 정의 되며 3번째 항부터는 앞의 연속된 2개 항을 합하면 다음 항이 되는 수열이다. 3번째 항은 a_1+a_2 이므로 2 이고 4번째 항은 a_2+a_3 이므로 3이다.

a_1, a_2, a_3 이 각각 a, b, c 이면 c는 a+b이고 a_2, a_3, a_4가 a, b, c 이면 역시 c=a+b가 된다.

a_3=c 일 때 합을 구한 다음 새로운 a, b 를 a_2는 a, a_3은 b 로 a, b를 구한다.

새로운 a, b 로 a_4는 c 가 된다. a, b, c 를 오른쪽으로 자리이동을 하여 계속 c 를 합하면 해결이 가능하다.

프로그램의 for 반복문에서 새로운 c를 a+b 로 먼저 연산하고 합 s 를 구한다. 다음 새로운 a, 새로운 b 순서로 구한다. 이 방법을 for 반복문으로 3항부터 5항까지 반복을 하는 방법이다. for 반복문 안의 실행문에는 i 변수가 사용되지 않는다.

1항과 2항은 정의로 되어 있으므로 3항부터 반복이 가능하다.

PROGRAMMING

```c
/* p09-6.c */
#include<stdio.h>
void main()
{   int a=1, b=1, c=0, s=0, i=0;
    s = a + b;

    for(i = 3; i <= 5; i++) {
        c = a + b;
        s = s + c;
        a = b;
        b = c;
    }
    printf(" %d", s);
}
```

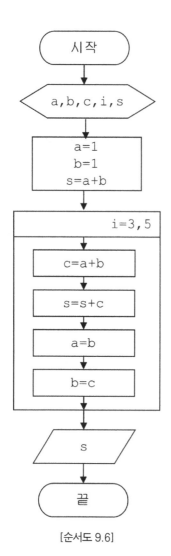

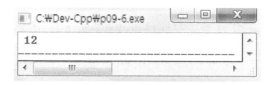

[순서도 9.6]

9.1　다음과 같은 실행결과를 "*"를 이용하여 프로그램을 코딩하여 보자.　p09-7.c

순서도에서 ①, ② 에 적당한 값은 무엇인가 ?

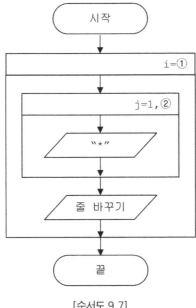

[순서도 9.7]

9.2 10~20까지 수 중 소수를 구하는 프로그램을 하여 보자. p09-8.c

순서도에서 ①, ②, ③ 에 적당한 값은 무엇인가 ?

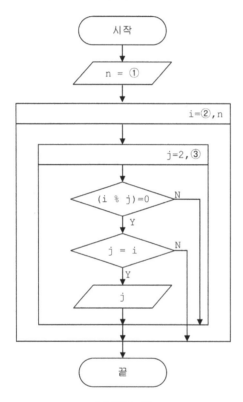

[순서도 9.8]

창의력 향상을 위하여 ☐ 에 적당한 값을 먼저 구하고 실행하여 보자. 그리고 다운 로드한 프로그램과 비교하여 보자！

```c
/* p09-7.c */
#include <stdio.h>
void main()
{   int i, j;

    for(i= 1 ; i>=1; i--)
    {
        for(j= 2 ; j<=i; 3 )
            printf(" 4 ");
        printf("\n");
    }
}
```

```c
/* p09-8.c */
#include <stdio.h>
void main()
{   int n, i, j;
    n=20;

    for(i=10; 1 ; i++)
    {
        for(j= 2 ; j<=i; j++)
        {
            if(( 3 )==0)
                if( 4 )
                    printf("%d\n", j);
                else
                    5 ;
        }
    }
}
```

CHAPTER 10

2진법, 16진법

학습목표

- 10진수, 2진수, 16진수 이해하기
- 10진수를 2진수로
- 10진수를 16진수로
- 2진수를 10진수로
- 16진수를 10진수로

우리가 사용하고 있는 10진수는 0~9 까지 10개의 수로 표현한다. 10진수 이므로 표현하는데 10개가 필요하고 2진수는 2개, 16진수는 16개가 필요하다. 2진수의 2개는 0과 1 이고 16진수의 16개는 0~9, A, B, C, D, E, F 이다. A~F는 각각 10, 11, 12, 13, 14, 15에 해당한다.

컴퓨터가 고속이지만 2진수로 동작이 된다. 2진수에서 비트가 많으면 정보를 표현하기 불편하므로 2진수 4자리를 16진수 1자리로 표현해 읽기 쉽게 하지만 컴퓨터 내부에서 작동되는 것은 0, 1 만 있을 뿐이다.

일상생활에 사용되는 10진수를 컴퓨터 내부에서 동작되는 2진수로 변환이 필요하고 컴퓨터에서 2진수로 표현된 결과를 알아보기 쉽게 10진수, 16진수로 변경이 필요하다.

10.1 10진수를 2진수로 변환

10진수 4를 2진수로 변환하여 보자. 4의 이진수는 100 이 된다.

```
4 / 2  = 2 -- 0 (나머지)   b(0)
2 / 2  = 1 -- 0            b(1)
1 / 2  = 0 -- 1            b(2)
```

2진수로 변환하기 위해서는 10진수를 2로 나누어 몫과 나머지를 구하여 나머지를 기록하고 몫은 다시 2로 나누기를 계속하여 몫이 0 이 될 때까지 계속한다. 최종 나머지를 시작으로 나머지를 모두 읽으면 결과는 100_2 이 되며 마지막 나머지 1 이 상위 자리수가 된다.

만약 10진수 0 ~ 255까지 최대수는 255= $1111\ 1111_2$ 이므로 2진수 8자리가 필요하고 이진수를 보관하기 위하여 int b[8]; 문장이 필요하고 b[0]에 가장 하위 자리수가 입력이 된다.

PROGRAMMING

```c
/* p10-1.c */
#include <stdio.h>
void main()
{   int i, a, k;
    int b[8];   a = 4, i = 0;
loop:
    b[i] = a % 2;
    a = (int)(a / 2);

    if ( !(a == 0) ) {
        i=i+1, goto loop;
    }
    for(k = i; k >= 0; k--)
        printf("  %d", b[k]);
}
```

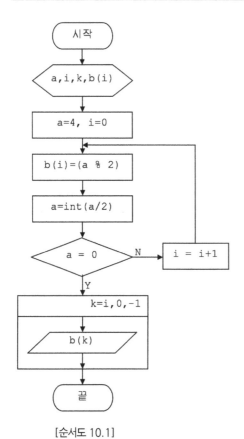

[순서도 10.1]

10.2 **10진수를 16진수로 변환**

10진수 31을 16진수로 변환 하여 보자. 31의 16진수는 1F 가 된다.

```
31 / 16 = 1 -- 15 =F₁₆  h(0)
 1 / 16 = 0 --  1        h(1)
```

16진수로 변환하기 위해서는 10진수를 16으로 나누어 몫과 나머지를 구하여 나머지는 0 ~ 15가 된다. 몫을 다시 16으로 나누기를 계속하며 몫이 0 이 될 때 까지 계속한다. 최종 나머지를 시작으로 나머지를 모두 읽으면 결과는 $1F_{16}$가 되며 마지막 나머지가 상위 자리 수가 된다. 결과는 $1F_{16}$가 되며 나머지가 15이므로 16진수에 해당하는 F 가 된다.

나머지가 15 인 경우 프로그램에서 t[15]=F 이므로 해당 16진수 F 가 된다. char h[2]; 문장으로 16진수 2자리를 보관하고 h[0]에 하위 자리수가 입력이 된다.

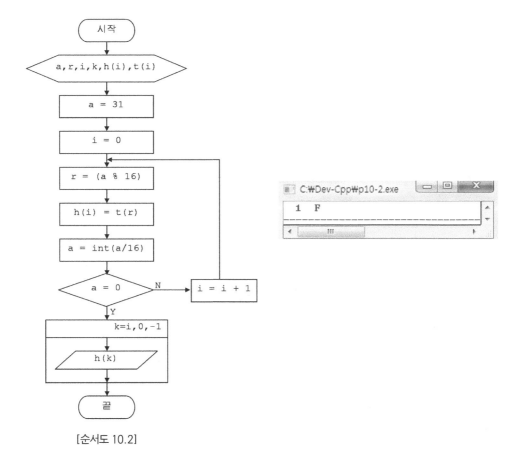

[순서도 10.2]

만약 10 진수 0 ~ 255 까지 최대수는 255=FF_{16} 이므로 16진수 2자리가 필요하며 16진수는 0 ~ 9, A, B, C, D, E, F 로 구성 되므로 결과를 보관하기 위해서는 문자열을 보관하는 변수가 필요하다.

PROGRAMMING

```c
/* p10-2.c */
#include <stdio.h>
void main()
{   int a, r, i, k;
    char h[2];
    char t[17] = "0123456789ABCDEF";

    a=31, i=0;
loop:
    r = a % 16;
    h[i] = t[r];
    a=(int)(a / 16);

    if ( !(a == 0) )
    {   i = i + 1;
        goto loop;
    }
    for(k = i; k >= 0; k--)
        printf("  %c", h[k]);
}
```

10.3 2진수를 10진수로 변환

2진수 100_2을 10진수로 변환하여 보자. 100_2 은 10진수로 4가 된다.

$$100_2 = 1 * 2^2 + 0 * 2^1 + 0 * 2^0 = b_2 * 2^2 + b_1 * 2^1 + b_0 * 2^0 = 4$$

입력이 문자열로 100_2 = (b_2 b_1 b_0)이 입력된다고 가정하자. 프로그램에서 char strb[8] = "100"; 문장으로 문자열이 입력되면 문자길이 처리 명령 strlen 을 이용하여 몇 자리인가 분석을 하고 하위자리 수 부터 b_0 b_1 b_2 순서로 계산을 하며 b_0 는 2^0을 곱해야 함으로 p=0 이 된다. b_1의 위치에서는 2^1을 곱해야 함으로 p=1이 된다.

프로그램에서 pow(2, p)=2^p 을 의미하고 이 명령을 사용 하려면 #include <math.h> 헤더 파일이 필요하다.

PROGRAMMING

```
/* p10-3.c */
#include <stdio.h>
#include <string.h>
#include <math.h>

void main()
{    int lenb, p, d, b, i;
    char strb[8]="100";

    lenb=strlen(strb);
    p=0, d=0;

    for(i=lenb-1; i>=0; i--){
        if(strb[i]=='0')
            b=0;
        else
            b=1;
        d = d + b * pow(2,p);
        p = p + 1;
    }
    printf("  %d", d);
}
```

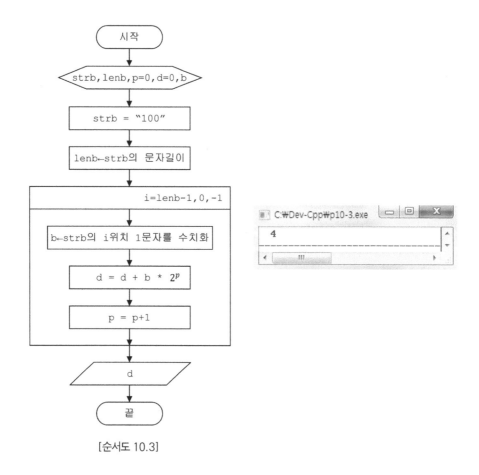

[순서도 10.3]

10.4 16진수를 10진수로 변환

16진수 $1F_{16}$를 10진수로 변환하여 보자. $1F_{16}$의 10진수는 31 이 된다.

$$1F_{16} = 1 * 16^1 + 15 * 16^0 = h_1 * 16^1 + h_0 * 16^0 = 31_{10}$$

입력이 문자열로 $1F_{16}$ = (h_1, h_0) 이 입력된다고 가정하자. char strh[3] = "1F"; 문장으로 문자열이 입력되면 문자길이 처리 명령 strlen 을 이용하여 몇 자리인가 분석하고 h_0, h_1 순서로 h_0 는 16^0 을 곱해야 함으로 p=0 이 된다. h_1의 위치에서는 16^1을 곱해야 함으로 p=1이 된다.

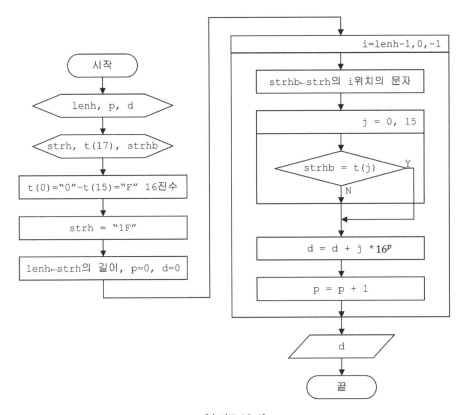

[순서도 10.4]

PROGRAMMING

```c
/* p10-4.c */
#include <stdio.h>
#include <math.h>
#include <string.h>
void main()
{
    int i, j, p, d, lenh;
    char t[17] = "0123456789ABCDEF";
    char strh[3] = "1F";
    char strhb;

    lenh = strlen(strh); //printf(" %d \n", lenh);
```

```
p = 0, d = 0;
 for(i = lenh-1; i >= 0; i--) {
    strhb = strh[i];
    //printf(" %c \n", strhb);

    for(j = 0; j < 16; j++) {
        if (strhb == t[j])
            break;
    }
    d = d + j * pow(16, p);
    p = p + 1;
}
printf("  %d", d);
}
```

연습문제

10.1 10진수 15를 2진수로 변환하기 위한 프로그램을 작성 하여보자. p10-5.c

10진수 15는 2진수로 1111_2 이다.

순서도에서 ①, ②, ③ 에 적당한 값은 무엇인가 ?

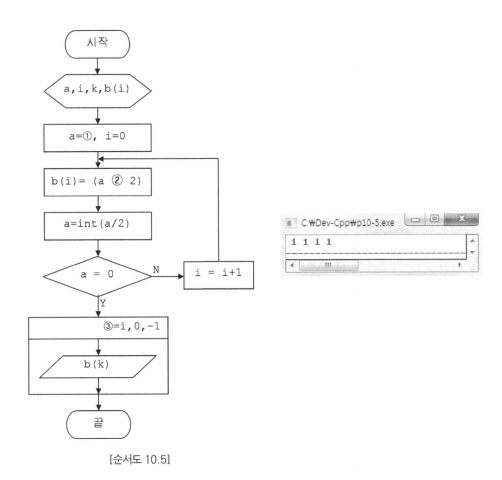

[순서도 10.5]

10.1 2진수 1111_2을 10진수로 변환하는 프로그램을 작성 하여보자. p10-6.c

2진수 1111_2은 10진수로 15이다.

순서도에서 ①, ②, ③ 에 적당한 값은 무엇인가 ?

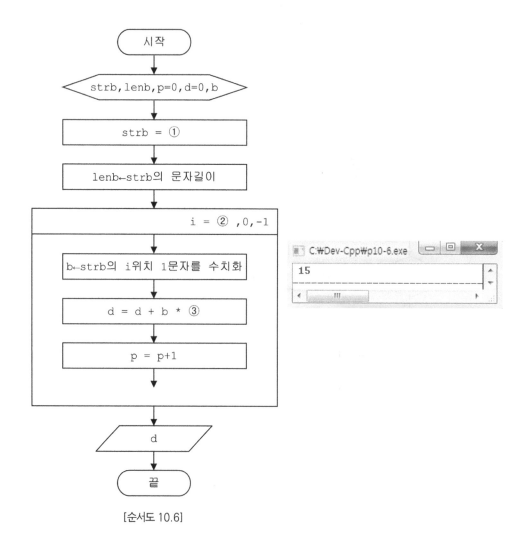

[순서도 10.6]

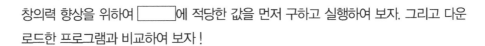

창의력 향상을 위하여 ☐에 적당한 값을 먼저 구하고 실행하여 보자. 그리고 다운로드한 프로그램과 비교하여 보자!

```c
/* p10-6.c */
#include <stdio.h>
#include <string.h>
#include <math.h>

void main()
{   int lenb, p, d, b, i;
    char strb[8]="  1  ";

    lenb=strlen(  2  );
    p=0, d=0;
    for(i=  3  ; i>=0; i--){
        if(strb[i]=='  4  ')
            b=0;
        else
            b=  5  ;
        d=d + b *   6  (2,p);
        p=  7  ;
    }
    printf(" %d", d);
}
```

```
/* p10-5.c */
#include <stdio.h>
void main()
{   int i, a, k;
    int [ 1 ];

    a=15, i=0;
loop:
    b[i]=a [ 2 ];
    a=(int)(a/2);

    if( [ 3 ] (a==0)) {
        i=[ 4 ];
        goto loop;
    }
    for(k=[ 5 ]; k>=0; k--)
        printf(" %d", b[k]);
}
```

CHAPTER 11

키 순서로 정렬하자.
정렬

학습목표

- 선택정렬 이해하기
- 버블정렬 이해하기

11.1 가장 작은 사람은 제일 앞에. 선택정렬(Selection Sort)

한 학급에서 가끔 키 순서로 정렬을 하는 경우가 있다. 제일 작은 학생이 제일 앞에 오는 정렬을 할 수 도 있고, 제일 큰 학생을 제일 앞에 정렬을 할 수 도 있다.

배열에 (5, 3, 1, 4, 2)가 순서대로 보관 된 경우 오름차순으로 선택정렬 하여 보자. 오름 차순으로 정렬하면 (1, 2, 3, 4, 5) 가 되고 내림차순이면 (5, 4, 3, 2, 1) 이 된다.

선택정렬의 방법은 배열에서 첫 번째 5와 나머지 데이터를 비교하여 가장 작은 것을 첫 번째에 이동 한다.

첫 번째 5와 나머지 데이터를 비교 할 때 비교해서 작으면 첫 번째와 교환하며 이를 반복 하면 첫 번째 데이터가 가장 작은 데이터가 된다.

첫 번째 데이터는 가장 작은 데이터 이므로 나머지 4개의 데이터에서 앞의 과정을 반복 한다.

① 5, 3, 1, 4, 2 : 초기상태
② 3, 5, 1, 4, 2 : ①의 5, 3 비교 후 이동
③ 1, 5, 3, 4, 2 : ②의 3, 1의 비교 후 이동
④ 1, 5, 3, 4, 2 : ③의 1, 4의 비교
⑤ 1, 5, 3, 4, 2 : ④의 1, 2를 비교

위와 같이 초기 상태 ①에서 5와 나머지 데이터 3, 1, 4, 2를 비교, 이동하면 ⑤에서 첫 번째 데이터가 가장 작은 데이터가 된다.

프로그램에서 if (a[i] > a[j]) 문장의 등호를 반대로 if (a[i] < a[j]) 와 같이 하면 내 림차순이 되어 결과는 (5, 4, 3, 2, 1) 이 된다.

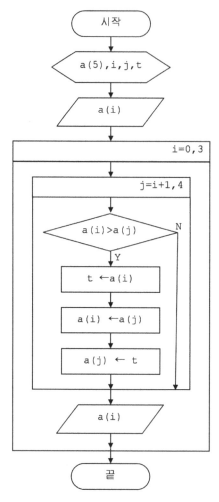

[순서도 11.1]

PROGRAMMING

```
/* p11-1.c */
#include <stdio.h>

void main()
{   int i, j, t;
    int a[5] = {5, 3, 1, 4, 2};
```

```
    for(i = 0; i <= 3; i++)
    {

        for(j = i+1; j <= 4; j++)
        {
            if (a[i] > a[j]) {
                t = a[i];
                a[i] = a[j];
                a[j] = t;
            }
        }
        printf(" %d %d %d %d %d \n", a[0], a[1], a[2], a[3], a[4]);
    }
}
```

11.2 가장 큰 사람은 제일 뒤에. 버블정렬(Bubble Sort)

배열에 (5, 3, 1, 4, 2)가 순서대로 보관된 경우 오름차순으로 버블정렬 하여 보자.

버블정렬의 방법은 첫 번째 데이터 5와 인접한 데이터를 비교하여 작으면 서로 교환해 주며 두 번째 데이터에서 인접한 데이터를 비교하여 서로 교환해 주며 나머지 데이터를 반복한다. 첫 번째 이동에서 가장 큰 데이터는 맨 마지막에 위치하게 된다. 다음은 마지막 데이터를 제외하고 앞의 과정을 반복한다.

> ① 5, 3, 1, 4, 2 : 초기상태
> ② 3, 5, 1, 4, 2 : ①의 5, 3의 비교 후 이동
> ③ 3, 1, 5, 4, 2 : ②의 5, 1의 비교 후 이동
> ④ 3, 1, 4, 5, 2 : ③의 5, 4를 비교 후 이동
> ⑤ 3, 1, 4, 2, 5 : ④의 5, 2를 비교 후 이동

위와 같이 초기상태 ①에서 5가 인접한 데이터와 비교, 이동하면 ⑤ 의 마지막 데이터가 가장 큰 데이터가 된다.

프로그램에서 if (a[j] > a[j+1]) 문장의 등호를 반대로 if (a[j] < a[j+1])와 같이 하면
내림차순이 되어 결과는 (5, 4, 3, 2, 1) 이 된다.

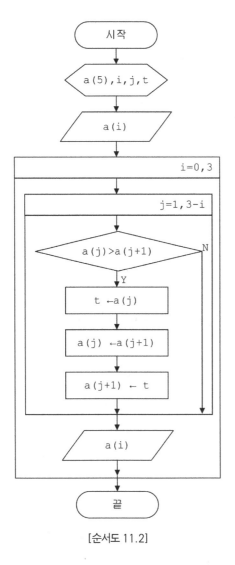

[순서도 11.2]

```
/* p11-2.c */
#include <stdio.h>
void main()
{   int i, j, t;
    int a[5] = {5, 3, 1, 4, 2};

    for(i = 0; i <= 3; i++){
        for(j = 0; j <= 3-i; j++) {
            if (a[j] > a[j+1]) {
                t = a[j];
                a[j] = a[j+1];
                a[j+1] = t;
            }
        }
        printf(" %d %d %d %d %d \n", a[0], a[1], a[2], a[3], a[4]);
    }
}
```

연습문제

11.1 데이터가 6개 (5, 3, 6, 1, 4, 2) 인 경우 오름차순 정렬이 되는 프로그램을 작성하여 보자. p11-3.c

순서도에서 ①, ②, ③, ④ 에 적당한 값은 무엇인가 ?

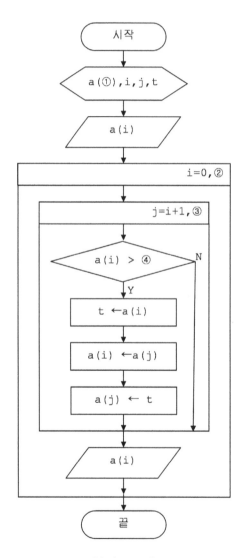

[순서도 11.3]

11.2 데이터가 7개 (5, 3, 6, 1, 7, 4, 2) 인 경우 내림차순 정렬이 되는 프로그램을 작성하여
보자. p11-4.c

순서도에서 ①, ②, ③, ④ 에 적당한 값은 무엇인가 ?

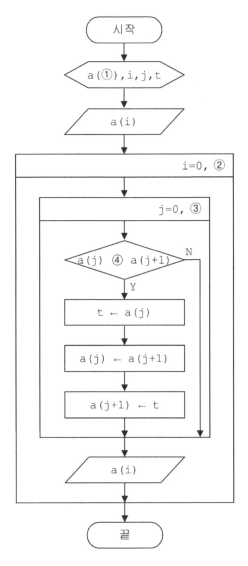

[순서도 11.4]

창의력 향상을 위하여 [⎽⎽⎽⎽]에 적당한 값을 먼저 구하고 실행하여 보자. 그리고 다운
로드한 프로그램과 비교하여 보자 !

```c
/* p11-3.c */
#include <stdio.h>
void main()
{   int i, j, t;
    char a[   1   ]={5,3,6,1,4,2};

    for(i=0; i<=   2   ; i++)
    {   for (j=i+1; j<=   3   ; j++)
        {   if (a[i]   4   a[j])
            {     5   =a[i];
                a[i]=a[j];
                  6   =t;
            }
        }
        printf(" %d %d %d %d %d %d \n",
            a[0],a[1],a[2],a[3],a[4],a[5]);
    }
}
```

```
/* p11-4.c */
#include <stdio.h>
void main()
{   int i, j, t;
    char a[   1   ]={5,3,6,1,7,4,2};

    for(i=0; i<=   2   ; i++)
    {    for (j=0; j<=   3   ; j++)
        {    if (a[j]<   4   )
            {    t=a[j];
                 5  =  6  ;
                 a[j+1]=t;
            }
        }
        printf(" %d %d %d %d %d %d %d \n",
            a[0],a[1],a[2],a[3],a[4],a[5],a[6]);
    }
}
```

C H A P T E R 12

병합정렬과
난수 생성함수

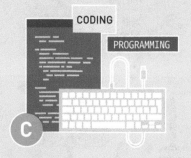

학습목표

- 병합정렬 이해하기
- 난수 생성하기
- 패스워드 만들기

12.1 2개 반을 키 순서로 정렬하자. 병합정렬(Merge Sort)

2개 반 학생들이 키 순으로 정렬이 되어 있는 경우 2개 반 학생들을 앞에서부터 차례로 비교하여 1개 그룹으로 정렬하는 방법이다.

병합정렬은 이미 정렬되어 있는 2개의 파일을 1개 파일로 정렬하는 것이다.

배열 a 에 (1, 3, 6, 8), 배열 b 에 (2, 4, 5, 7, 9, 10)이 순차적으로 정렬이 된 경우 배열 c 에 오름차순으로 정렬하여 보자.

```
a=(1, 3, 6, 8)  b=(2, 4, 5, 7, 9, 10)
c=(1, 2, 3, 4, 5, 6, 7, 8, 9, 10)
```

배열 a 에는 4개 원소이고 배열 b 는 6개 원소이므로 배열 c 는 10개 원소가 되며 배열 a, b 는 이미 정렬되어 있다.

배열 a, b 에서 한 원소 씩 가져와 서로 비교하여 작은 것을 배열 c 에 이동시키고 작은 원소가 있는 배열에서 다음 원소를 가져와 비교한 다음 전술한 과정을 반복한다.

만약 배열 a 가 이동이 끝나면 배열 b 의 나머지 원소는 배열 a 와 비교 없이 배열 c 에 이동하면 된다.

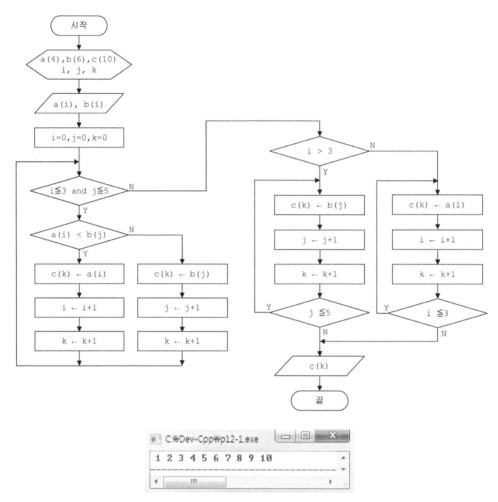

[순서도 12.1]

```
/* p12-1.c */
#include <stdio.h>
void main()
{   int i, j, k;
    int a[4] = {1, 3, 6, 8};
    int b[6] = {2, 4, 5, 7, 9, 10};
    int c[10];
```

```
    i=0, j=0, k=0;

    while((i <= 3) && (j <= 5))
    {   if (a[i] < b[j])
            c[k] = a[i], i++, k++;
        else
            c[k] = b[j], j++, k++;
    }
    if (i > 3)
        do
            c[k] = b[j], j++, k++;
        while (j <= 5);
    else
        do
            c[k] = a[i], i++, k++;
        while (i <= 3);

    for(k = 0; k <= 9; k++)
        printf(" %d", c[k]);

}
```

12.2 주사위를 던지기. 난수 생성함수

주사위를 던지면 1~6의 수가 만들어 지는 것과 같은 방법으로 컴퓨터에서 임의의 수를
생성 할 수 있다. 난수는 어떤 수가 생성될지 모르는 수이다. 컴퓨터에서는 rand() 함수
를 난수 생성함수라고 하며 rand() 함수를 이용하면 난수를 생성 할 수 있다.

다음의 프로그램은 0~9 까지의 난수와 주사위의 1~6 까지 수를 각각 10번 씩 생성 한다.
이 프로그램은 컴퓨터에서 난수 생성이므로 실행할 때 마다 결과가 달라진다.

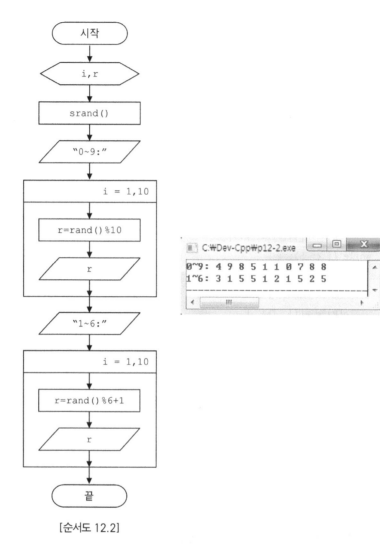

[순서도 12.2]

PROGRAMMING

```
/* p12-02.c */
#include <stdio.h>
#include <stdlib.h>
#include <time.h>
void main()
{
    int i, r;
```

```
    srand(time(NULL));

    printf("0~9: ");
    for (i=1; i<=10; i++)
    {    r=rand()%10;
        printf("%d ", r);
    }
    printf("\n");

    printf("1~6: ");
    for (i=1; i<=10; i++)
    {    r=rand()%6 +1;
        printf("%d ", r);
    }
}
```

rand() 함수는 0에서 32767까지의 임의의 수가 발생 되며 **stdlib.h** 헤드파일이 필요하다.

▸ r= rand() % 10;

이 문장에서 r은 rand() % 10 이고 나머지이므로 0~9 가 된다.

▸ r= rand() % 6 + 1;

rand() % 6 에서 0~5 까지의 숫자이고 +1 하면 1~6 까지의 숫자가 되어 주사위에서 생성되는 수와 동일하다.

난수를 생성하기 위해서는 초기값이 필요한데 이를 씨드라고 한다. rand()함수 내부에 초기값이 된다.

```
    srand(time(NULL));
```

이 초기값은 srand() 함수를 이용하고 이 srand() 함수가 실행할 때 마다 다른 값이 되기 위해서 일반적으로 컴퓨터 내부의 시간을 이용한다. srand(time(NULL)); 문장에서 **time**을 이용하기 위해 **time.h** 헤드파일이 필요하고 이 **time**은 컴퓨터의 시간을 이용한다.

12.3 패스워드 만들기

0~9 까지의 6자리 숫자로 된 패스워드를 만들어 보자.

숫자 1에 대한 아스키코드는 부록 1을 참조하면 16진수로 0x31 이고 0x는 16진수를 의미한다.

순서도 12.3에서 pass[i]=rand()%10 + 0x30 문장의 rand()%10 은 0~9 이므로 pass[i] 에는 0x30~0x39 의 16진 숫자가 입력이 되고 이것은 0~9 까지 숫자의 아스키코드 값이 된다.

이 프로그램은 컴퓨터에서 난수 생성이므로 실행할 때 마다 결과가 달라진다.

패스워드 pass[i]	0	1	2	3	8	9
아스키코드(16진수)	30	31	32	33	38	39

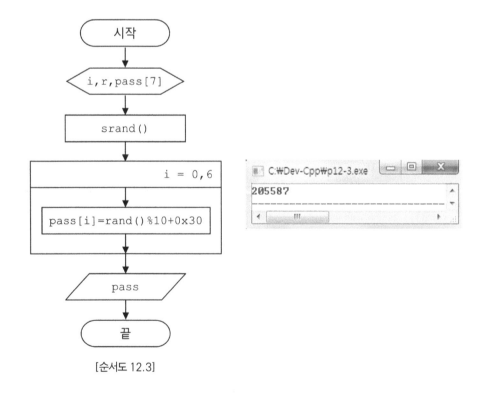

[순서도 12.3]

PROGRAMMING

```c
/* p12-03.c */
#include <stdio.h>
#include <stdlib.h>
#include <time.h>
void main()
{   int i, r;
    char pass[7];

    srand(time(NULL));

    for (i=0; i<6; i++)
        pass[i]=rand()%10 + 0x30;

    printf("%s", pass);
}
```

▸ char pass[7];

6 개 문자열변수 pass[] 를 정의한다. 문자수는 6개이고 +1 하면 7 이므로 pass[7]이 된다.

▸ pass[i] = rand() % 10 + 0x30;

rand() % 10 에서 0~9 까지의 숫자가 생성되고 0x30은 16진수로 30이므로 만약 rand() % 10 이 1 이면 pass[i] = 0x31 이 된다. pass[i] 에는 0~9 까지 16진수 숫자의 아스키코드 값이 입력된다.

12.1 배열 a 에 6개 데이터 (2, 4, 5, 7, 9, 10)이고 배열 b 에 4개 데이터 (1, 3, 6, 8)이
정렬되어 있다. 배열 a 와 배열 b 의 정렬된 데이터를 배열 c 에 오름차순 정렬을 하여
보자. p12-4.c

순서도에서 ①, ②, ③, ④, ⑤, ⑥, ⑦ 에 적당한 값은 무엇인가 ?

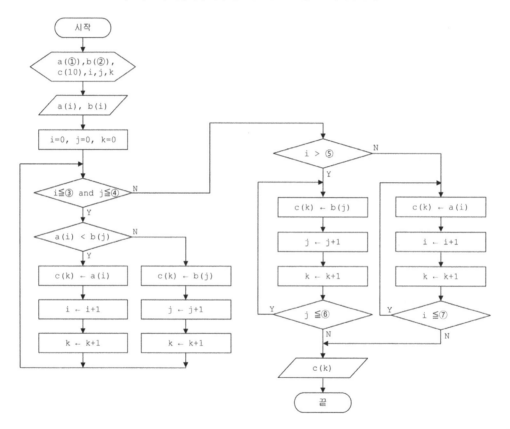

[순서도 12.4]

12.2 3~8 까지의 난수를 8번 생성하는 프로그램을 작성하여 보자. 이 프로그램은 컴퓨터에서 난수 생성이므로 실행할 때 마다 결과가 달라진다. p12-5.c

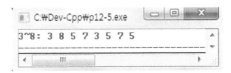

창의력 향상을 위하여 [   ]에 적당한 값을 먼저 구하고 실행하여 보자. 그리고 다운로드한 프로그램과 비교하여 보자 !

```
/* p12-4.c */
#include <stdio.h>
void main()
{   int i, j, k;
    int a[6]={2,4,5,7,9,10};
    int b[  1  ]={1,3,6,8};
    int c[  2  ];

    i=  3  , j=0, k=0;
    while((i<=5  4  ) (j<=  5  ))
    {   if(a[i]<  6  )
            c[k]=a[i], i++,k++;
        else
            c[k]=  7  ,j++,k++;
    }
    if(i>5)
        do
            c[k]=  8  , j++,  9  ;
        while(j<=3);
    else
        do
```

```c
            c[k]=a[i], i++, k++;
        while(i<=  10  );
    for(k=0;  11  ; k++)
        printf(" %d",c[k]);
}
```

```c
/* p12-5.c */
#include <stdio.h>
#include <stdlib.h>
#include <  1  >
void main()
{
    int i, r;

      2  (time(NULL));

    printf("3~8: ");
    for (i=0;  3  ; i++)
    {   r=  4  ()%6 +  5  ;
        printf("%d ", r);
    }
}
```

CHAPTER 13

검색과 문자열

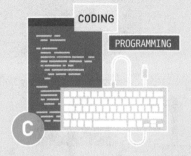

학습목표

- 순차검색
- 이분검색
- 소문자 대문자 상호변환
- 문자열 역순 만들기

13.1 처음부터 찾아보자. 순차검색(Sequential Search)

순차검색은 주어진 데이터가 정렬이 되지 않은 경우 사용하는 방법으로 첫 번째 데이터 부터 순차적으로 마지막 데이터까지 비교하여 찾으려고 하는 데이터가 있는 경우 데이터가 있는 인덱스를 반환하고 찾으려고 하는 데이터가 없는 경우도 고려하여야 한다.

배열 a 에 데이터가 (5, 3, 1, 4, 2)로 보관된 경우 1과 7을 검색하여 보자. 1인 경우 데이터가 있으므로 인덱스 2를 출력하고 7인 경우 데이터가 없는 경우 이므로 '99'를 출력하여 보자.

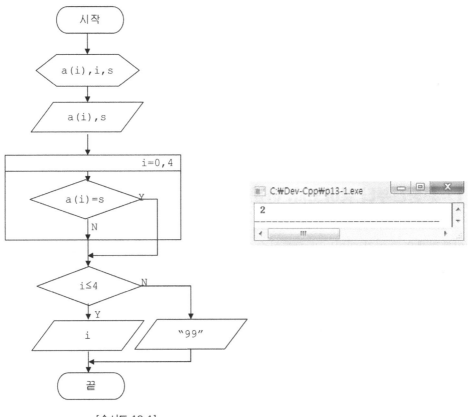

[순서도 13.1]

PROGRAMMING

```c
/* p13-1.c */
#include <stdio.h>
void main()
{   int i, s;
    int a[5] = { 5, 3, 1, 4, 2};
    s=1;

    for(i = 0; i <= 4; i++)
        if (a[i] == s)  break;

    if (i <= 4)
        printf(" %d", i);
    else
        printf(" %d", 99);
}
```

13.2 중간부터 찾아보자. 이분검색(Binary Search)

이분검색은 주어진 데이터가 오름차순으로 정렬이 되어 있는 경우 중간에 있는 데이터와 비교하여 큰가, 작은가를 판단하여 나머지 부분에 적용하는 방법이다.

배열에 정렬된 10개 데이터 (1, 3, 5, 7, 9, 11, 13, 15, 17, 19)가 보관된 경우 7과 8을 검색하여 보자. 7은 있는 데이터이고 8은 없는 경우 이다.

7 인 경우 데이터가 있으므로 인덱스 3을 출력하고 8 인 경우 데이터가 없는 경우 이므로 '99'를 출력하여 보자.

7을 찾는 경우 순서도에서 초기치가 L=0, H=9 이므로 m=(int)((L + H)/2)에서 M=4가 된다. a[M]=a[4]=9 이므로 다음 찾을 자료는 (1, 3, 5, 7) 부분에 있고 L=0, H=3 이므로 전술한 과정을 반복한다.

판단문 L>H 에서 L>H 조건을 만족하면 데이터가 없는 경우이며 99 가 출력이 되고 L=H 이면 데이터가 있는 경우이며 인덱스 M 이 출력이 된다.

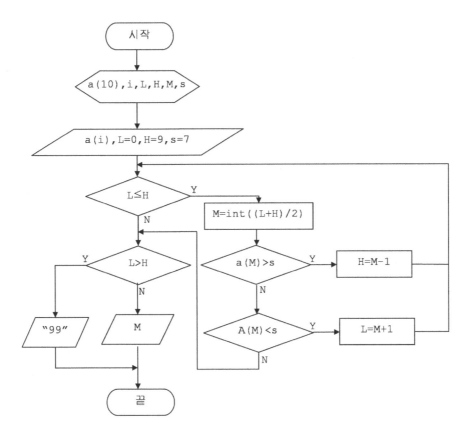

[순서도 13.2]

〈표 13.1〉은 순서도의 판단기호 L≤H에서 M, L, H 의 값이며 L≤H를 비교하여 논리 1 이면 계속 찾기를 반복하고 논리 0이면 종료를 한다.

〈표 13.1〉 판단기호 L≤H에서 L,H 의 값

변수	M	L	H	L≤H	변수	M	L	H	L≤H
초기치	?	0	9	1	초기치	?	0	9	1
1회전 후	4	0	3	1	1회전 후	4	0	3	1
2회전 후	1	2	3	1	2회전 후	1	2	3	1
3회전 후	2	3	3	1	3회전 후	2	3	3	1
4회전 후	3	3	3	1	4회전 후	3	4	3	0
결과	M 출력				결과	99 출력			

'7' 인 경우 — '8' 인 경우

PROGRAMMING

```c
/* p13-2.c */
#include <stdio.h>
void main()
{
    int L, h, m, s;
    int a[10] = { 1, 3, 5, 7, 9, 11, 13, 15, 17, 19};

    L=0, h=9, s=7;

    while (L <= h)
    {    m=(int)( (L + h) / 2 );
        if (a[m] > s)
            h = m - 1;
        else if (a[m] < s)
            L = m + 1;
        else
            break;
    }
    if (L > h)
        printf(" %d", 99);
    else
        printf(" %d", m);
}
```

```
C:\Dev-Cpp\p13-2.exe

3
```

13.3 aBc 를 AbC 로 변환. 소문자는 대문자 대문자는 소문자

문자로 입력되는 "AbC3d"를 "aBc3D"로 변경하여 보자. 영문자 소문자는 대문자, 대문자는 소문자, 숫자는 변경 없이 변환을 하자. 3은 영문자가 아니므로 변화가 없다.

프로그램에서 L=strlen(stra); 문장으로 문자열의 길이를 계산하고 for(i=0; i>= L-1; i++) 문장으로 5번 반복을 한다.

부록 1. 아스키 코드 표를 살펴보면 a~z, A~Z를 연속적으로 보관되어 있음을 알 수 있고 숫자 0~9도 연속으로 보관 되어 있음을 알 수 있다. 부록 1에서 a의 아스키 코드의 값은 10진수로 97이고 A의 아스키 코드의 값은 65이다. 영문자에서 대문자인 경우 해당 아스키 코드의 값에 32를 더하면 소문자가 되고 소문자인 경우 32를 빼면 대문자가 되는 것을 프로그램에서 이용한다.

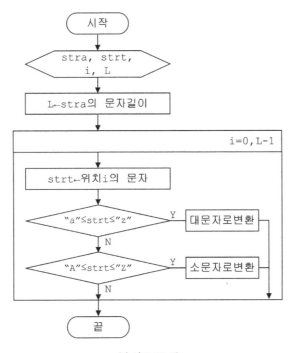

[순서도 13.3]

```
/* p13-3.c */
#include <stdio.h>
#include <string.h>
void main()
{
    int i, L;
    char stra[6] = "AbC3d";
    char strt;
```

C:\Dev-Cpp\p13-3.exe

aBc3D

```
        L = strlen(stra);
        //printf(" %d \n", L);

        for(i = 0; i <= L-1; i++)
        {
            strt = stra[i];

            if ( ('a' <= strt) && (strt <= 'z') )
                stra[i] = strt - 32;

            if ( ('A' <= strt) && (strt <= 'Z') )
                stra[i] = strt+32;
        }
        printf(" %s", stra);
        printf("\n");
    }
```

13.4 abc 를 cba로 변환. 문자열 역순

입력된 문자열 "ABCDE"를 역순으로 출력하여 보자. 역순은 "EDCBA"가 된다. 입력된 문자열 "ABCDE"을 끝의 E 부터 처음까지 1문자 씩 읽어서 조합하는 방법이다.

프로그램에서 L=strlen(stra); 문장으로 문자열의 길이를 계산하고 for(i = L-1; i >= 0; i--)은 L 번 반복을 한다.

strb[(L-1)-i] = stra[i]; 문장에서 stra[i]의 1 문자를 strb[(L-1)-i]에 입력을 L 번 반복하면 strb 문자열은 역순이 된다.

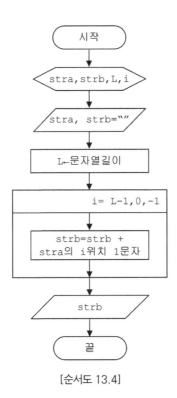

[순서도 13.4]

PROGRAMMING

```
/* p13-4.c */
#include <stdio.h>
#include <string.h>
#include <stdlib.h>

void main()
{   char stra[6]="ABCDE";
    char strb[6]="";
    int i, L;

    L=strlen(stra);
    printf(" %d \n", L);

    for(i = L-1; i >= 0; i--)
        strb[ (L-1) - i ] = stra[i];

    printf(" %s \n", stra);
    printf(" %s \n", strb);
}
```

13.1 배열 a 에 7개의 데이터 (7, 5, 3, 1, 6, 4, 2)가 순차적으로 보관된 경우 3과 9를 검색하는 경우 자료가 있는 경우 인덱스를 출력하고 없는 경우 '99'를 출력하는 프로그램을 작성하여 보자. p13-5.c

순서도에서 ①, ②, ③ 에 적당한 값은 무엇인가 ?

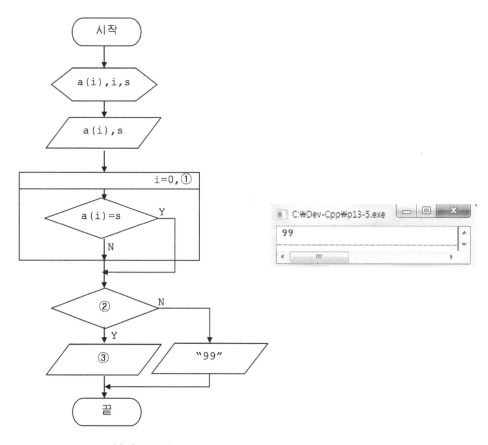

[순서도 13.5]

13.2 배열 a 에 11개의 데이터 (1, 2, 4, 5, 7, 8, 9, 11, 12, 15, 17)이 순차적으로 보관된 경우 6과 7을 검색하는데, 자료가 있는 경우 인덱스를 출력하고 없는 경우 '99'를 출력하는 프로그램을 작성하여 보자. p13-6.c

순서도에서 ①, ②, ③, ④, ⑤, ⑥, ⑦ 에 적당한 값은 무엇인가 ?

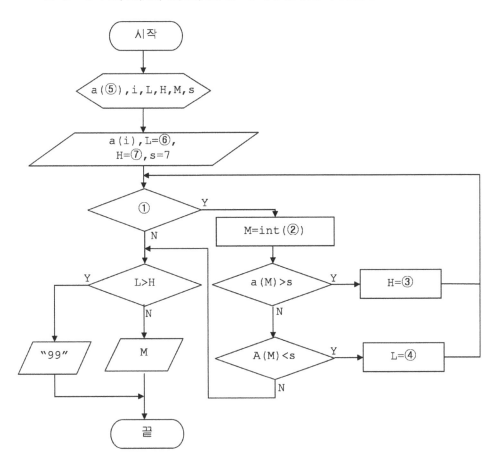

[순서도 13.6]

창의력 향상을 위하여 ☐에 적당한 값을 먼저 구하고 실행하여 보자. 그리고 다운로드한 프로그램과 비교하여 보자 !

```c
/* p13-5.c */
#include <stdio.h>
void main()
{   int i, s;
    int a[  1  ]={7,5,3,1,6,4,2};
    s=10;

    for(i=0;  2  ; i++)
        if(a[i]==  3  )   4  ;

    if (i<=  5  )
        printf(" %d",  6  );
    else
        printf(" %d", 99);
}
```

```
/* p13-6.c */
#include <stdio.h>
void main()
{   int L, h, m, s;
    int a[11]={1,2, 4, 5, 7,
               8,9,11,12,15, 17};

    L=0, h=⌷ 1 ⌷, s=7;
    while(L⌷ 2 ⌷h)
    {   ⌷ 3 ⌷=(int)((L+h)/2);
        if(a[m]>s)
            h =⌷ 4 ⌷;
        else if (a[m]<s)
            ⌷ 5 ⌷ = m+1;
        else
            ⌷ 6 ⌷;
    }
    if(⌷ 7 ⌷)
        printf(" %d",⌷      ⌷);
    else
        printf(" %d", m);

}
```

CHAPTER 14

함수

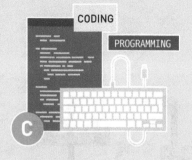

학습목표

- 함수 이해하기
- 수학함수 사용하기
- 재귀함수 사용하기

14.1 기능 별로 나누어 이름을 붙이자. 함수

프로그램에서 독립적인 기능을 가지는 작은 프로그램을 함수라 한다. 크고 복잡한 프로그램은 기능별로 작은 단위로 나누어 작성한 다음 이 단위 프로그램을 하나의 큰 프로그램으로 통합하며 이 작은 단위의 프로그램이 함수가 된다. printf()와 같이 변수이름 다음에 ()가 있으면 모두 함수이다.

기본적으로 제공하는 입출력 함수(printf(), scanf() 도 하나의 함수이다), 문자처리 함수, 시간, 날짜 함수 및 수학 함수 등이 있다.

main() 함수는 프로그램의 시작점을 알리는 일종의 함수이다. 이 책에서는 main() 함수를 다음의 첫째와 같이 간략하게 사용 하였지만 여러 가지 형태의 main()함수를 사용 할 수 있다.

```
void main()        main()           int main(void)
{                  {                {
                       return 0;        return 0;
}                  }                }
                   main() 종료 후 0을 반환   main() 종료 후 0을 반환
```

void main()의 void는 main()함수 종료 후 반환값(리턴값)이 없다는 의미이고, int main(void)의 void는 main()함수를 실행하는 경우 인수(받는값)가 없다는 의미이다. 위 3가지 main() 함수의 형식은 대부분의 컴파일러가 지원한다.

프로그래머가 정의하는 함수를 작성하여 보자.

함수의 정의는 다음과 같다.

■ 형식 *자료형 함수명(가인수 리스트)*
　　{
　　함수의 내용;
　　}

함수를 사용하는 경우 그 함수명으로 하나의 값을 반환 한다.

다음 프로그램은 main() 함수에서 정수로 a, b, c 를 정의하고 초기값으로 a=2, b=3 이다. addab 함수를 호출하여 이 a, b를 함수에서 받아서 덧셈을 하고 결과를 정수로 5를 반환한다.

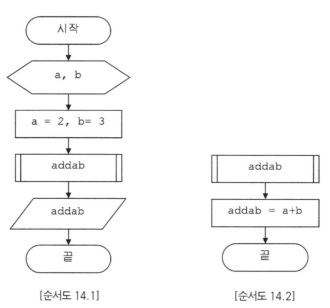

[순서도 14.1]   [순서도 14.2]

PROGRAMMING

```c
/* p14-1.c */
#include <stdio.h>

void main()
{
    int a, b, c;

    a = 2;
    b = 3;
    c = addab(a, b);

    printf("%d \n", c);
}

int addab(int a, int b)
{
    int e;
```

C:\Dev-Cpp\p14-1.exe

5

```
    e = a + b;
    return e;
}
```

14.2 **2의 제곱근은? 수학함수**

2의 제곱근은 제곱해서 2가 되는 수이고 1.414 이며 제곱근은 수학함수를 이용하여 계산한다.

수학 함수 중 제곱근, 거듭 제곱, 삼각함수에 관계된 사인, 코사인, 탄젠트등 〈표 14.1〉과 같은 함수들 외에도 많은 수학함수를 제공한다.

수학 함수를 사용하기 위해서는 〈math.h〉 헤더파일이 필요로 하므로 프로그램 p14-2.c의 앞부분에 〈math.h〉가 있다.

〈표 14.1〉 수학 함수

함수명	설명
sqrt(x)	x의 제곱근
exp(x)	상수 e의 거듭 제곱수
sin(x)	라디안 x의 사인 값
cos(x)	라디안 x의 코사인 값
tan(x)	라디안 x의 탄젠트 값

다음 프로그램에서 2 와 3의 제곱근과 사인함수에서 0^0, 30^0, 60^0, 90^0의 값을 정수는 2자리로 실수는 소수 3째 자리까지 구하여 보자.

2의 제곱근은 〈표 14.1〉의 **sqrt(x)** 명령을 사용하면 가능하다.

〈표 14.2〉 사인함수의 값

x	0^0	30^0	60^0	90^0
sin(x)	0	$\frac{1}{2} = 0.5$	$\frac{\sqrt{3}}{2} = 0.866$	1

순서도의 반복문에서 a=0, 90, 30 은 a의 값이 0부터 시작하여 a의 값이 30 씩 증가하여 마지막은 90이 된다는 의미이다.

프로그램에서 sin(x)의 x는 라디안 값이므로 각도를 라이안으로 변경해야 한다. 360^{0}는 2π 이므로 각도 A에 해당 하는 라디안 x는 다음식과 같다.

$$360 : 2\pi = A : x$$

$$360 * x = 2\pi * A$$

$$x = \frac{\pi * A}{180}$$

프로그램에서 파이(π)를 #define PI 3.14159 문에서 대문자 PI로 정의하면 프로그램에서 다른 변수와 구별이 되고 값을 변경할 수 없는 상수가 되어 편리하다.

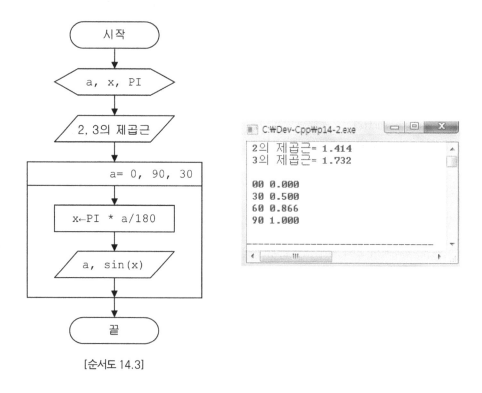

[순서도 14.3]

PROGRAMMING

```
/* p14-2.c */
#include <stdio.h>
#include <math.h>

#define PI 3.14159

void main()
{   int a;
    float x;

    printf(" 2의 제곱근= %.3f \n", sqrt(2));
    printf(" 3의 제곱근= %.3f \n", sqrt(3));
    printf("\n");

    for(a = 0; a <= 90; a = a + 30)
    {   x = PI * a / 180;
        printf(" %.2d  %.3f \n", a, sin(x));
    }
    printf("\n");
}
```

14.3 양파 속에 또 양파, 재귀 함수

프로그램에서 재귀함수(recursive function)는 자기 자신을 호출 하는 함수를 의미하며 재귀적으로 정의 되는 문제에서만 적용이 가능하다.

재귀함수의 의미는 양파 껍질과 비슷하다고 할 수 있다. 양파의 껍질 속에 또 양파가 계속 있는 것과 같은 형태이다.

재귀함수의 개념을 4! 계산에서 이해하여 보자. 팩토리알(factorial)계산은 다음과 같다.

1! = 1은 정의 이다.

```
1! = 1
2! = 2 * 1 =2              = 2 * 1!
3! = 3 * 2 * 1 =6          = 3 * 2!
4! = 4 * 3 * 2 * 1 = 24  = 4 * 3!


4! = 4 * 3! = 4 * 3 * 2! = 4 * 3 * 2 * 1!
```

n! = n * (n-1)! 이다. n! 을 계산하기 위해서는 n * (n-1)! 이므로 (n-1)!에서 팩토리알 계산이 필요하다. 즉 4! 계산하기 위해서 4 * 3! 이므로 3! 계산이 필요하고 3! = 3 * 2! 이므로 2! 계산이 필요하고 2! = 2 * 1! 이므로 1! 계산이 필요하다. 결국 4!을 계산하기 위해서 프로그램 예제에서 fact 함수를 호출 하는 경우 호출하는 함수 내에서 자기 자신 fact함수를 호출 해야만 하므로 이를 재귀함수로 표현 할 수 있다.

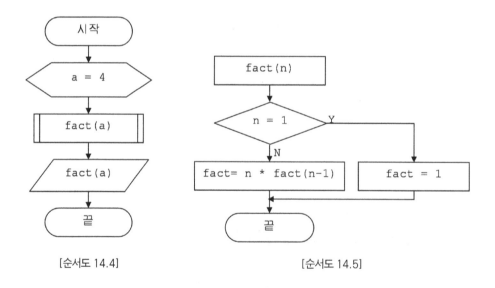

[순서도 14.4]   [순서도 14.5]

프로그램을 살펴보자. main() 함수에서 x=4 이므로 재귀함수를 호출하는 경우 fact(4) 가
된다.

재귀함수로 가면 printf("%d* ", n); 문장에서 화면에 '4* '가 출력되고 return
(n*fact(n-1)); 문장에서 fact(n-1)에서 n=4 이므로 fact(3) 으로 자기함수를 다시 호출
하는 것이 되어 '3* '가 화면에 출력이 되고 fact(1) 인 경우는 '1 ' 만 화면에 출력이 되
어 '4* 3* 2* 1'이 화면에 출력이 된다.

이 예에서 보면 재귀함수가 자기 자신 함수를 호출하는 것을 알 수 있다.

PROGRAMMING

```
/* p14-3.c */
#include <stdio.h>

void main()
{   int x=4;

    printf("%d", fact(x));
}

int fact(int n)
{    if(n==1)
    {    printf("1 \n");
        return 1;
    }
    else
    {   printf("%d* ", n);
        return (n*fact(n-1));
    }
}
```

연습문제

14.1 두개의 정수 c=2, d=3을 입력하여 감산하는 프로그램을 사용자 정의 함수를 이용하여 작성하여 보자. 사용자 정의 함수 이름은 subcd 라고 하자. p14-4.c

14.2 cos(x)에서 각도 x의 값이 0°에서 90°까지 30°씩 증가하는 경우 cos(x)의 값을 구하는 순서도를 완성하시오. p14-5.c

순서도에서 ①, ② 에 적당한 값은 무엇인가 ?

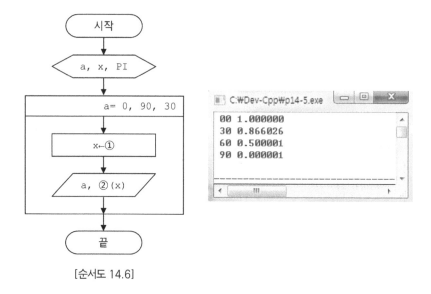

[순서도 14.6]

창의력 향상을 위하여 [＿＿＿]에 적당한 값을 먼저 구하고 실행하여 보자. 그리고 다운
로드한 프로그램과 비교하여 보자 !

```
/* p14-4.c */
#include <stdio.h>
void main()
{    int c,d,a;

    c=2, d=3;
    a=subab(  1  );
    printf(" %d ",  2  );
}


int    3    (int a, int b)
{    int c;
    c=a-b;
    return    4   ;
}
```

```
/* p14-5.c */
#include <stdio.h>
#include <math.h>


#define    1    3.14159


void main()
{    int a;
      2    x;


    for(a=0; a<=90; a=   3   )
    {    x = PI *    4   ;
        printf(" %.2d %f \n", a,    5   );
    }
}
```

CHAPTER 15

바둑판.
이차원배열

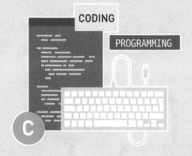

학습목표

- 2차원 배열 이해하기
- 2차원 배열에 입력하기
- 2차원 배열에 삼각형 모양 채우기

15.1 바둑판의 위치. 2차원 배열의 행과 열

2차원 배열이란 바둑판과 같은 〈표 15.1〉과 같은 모양이고 A(3,4)와 같이 괄호안의 인덱스의 개수가 2개 이므로 2차원 배열이라 한다. A(2,3)은 2행 3열의 원소를 의미 한다.

세로로 0행에서 2행까지 3개이고 가로로 0열에서 3열까지 4개 이므로 배열 A(3,4)로 정의하며 A(행의 수, 열의 수)가 되고 마지막이 A(2,3)원소이고 A(3,4)원소는 정의 되지 않는다.

여기서 2행의 원소는 A(2,0), A(2,1), A(2,2), A(2,3)으로 4개 이며 3열의 원소는 A(0,3), A(1,3), A(2,3)으로 3개가 된다.

행(row)은 가로의 원소 모두, 열(column)은 세로의 원소 모두를 의미한다.

〈표 15.1〉 2차원 배열 A(3,4)

	0열	1열	2열	3열
0행	(0,0)	(0,1)	(0,2)	(0,3)
1행	(1,0)	(1,1)	(1,2)	(1,3)
2행	(2,0)	(2,1)	(2,2)	(2,3)

〈표 15.2〉와 같이 A, B, C 3명 학생의 국어, 영어, 수학, 과학 점수인 경우 각 학생의 합과 평균 점수를 계산하는 프로그램을 작성하여 보자.

〈표 15.2〉 2차원 배열 A(3,4)

과목 학생	국어	영어	수학	과학	s(i)	avg(i)
A	85	80	90	85	s(0)	avg(0)
B	95	90	85	90	s(1)	avg(1)
C	90	90	100	100	s(2)	avg(2)

합 s 는 s[0]=0, s[1]=0, s[2]=0 과 같이 0 으로 초기화가 되어야 하므로 프로그램에서 int s[3]={0}; 문장은 배열 s 의 모든 원소가 0 으로 설정이 된다.

4과목의 합을 구하고 4로 나누면 평균점에 소수점이 발생 할 수 있으므로 프로그램에서는 avg[i] = (float) s[i] / 4; 에서 자료형 변환 연산자(float)를 이용하여 실수로 변환하였다.

프로그램에서 int a[3][4] = {{85, 80, 90, 85}, 문에서 배열의 데이터 입력은 행 단위로 입력이 된다.

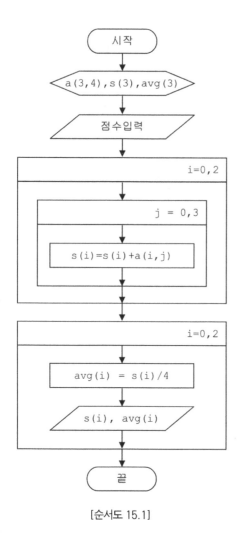

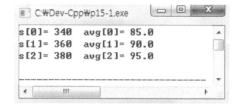

[순서도 15.1]

PROGRAMMING

```c
/* p15-1.c */
#include <stdio.h>
void main()
{
    int i, j;
    int s[3]={0};
    float avg[3];

    int a[3][4] = {{85, 80, 90, 85},
                   {95, 90, 85, 90},
                   {90, 90, 100, 100}};

    for(i = 0; i < 3; i++)
    {
        for(j = 0; j < 4; j++)
            s[i] = s[i] + a[i][j];
    }
    for(i = 0; i < 3; i++)
    {    avg[i] = (float) s[i] / 4;

        printf("s[%d]= %d", i, s[i]);
        printf("  avg[%d]= %.1f \n", i, avg[i]);
    }
}
```

15.2 2차원 배열에 데이터 입력(행 우선)

2차원 배열에 〈표 15.3〉과 같이 1~12 까지의 데이터를 입력하여 보자. 인덱스가 (0,0)일 때 1로 시작하며 0행에서 열이 증가 할 때 마다 1이 증가하고 0행이 끝나면 다음 행에서 열이 증가 하면 1이 증가 한다.

0행의 원소를 모두 채우고, 다음에 1행의 원소를 채우므로 행 우선이라고 한다.

〈표 15.3〉 2차원 배열 A(3,4)

	0열	1열	2열	3열
0행	(0,0)	(0,1)	(0,2)	(0,3)
1행	(1,0)	(1,1)	(1,2)	(1,3)
2행	(2,0)	(2,1)	(2,2)	(2,3)

1	2	3	4
5	6	7	8
9	10	11	12

다음 프로그램에서 1~12 까지 데이터를 a(3,4) 배열에 행 우선으로 입력하고 배열에 입력된 데이터를 출력하여 보자.

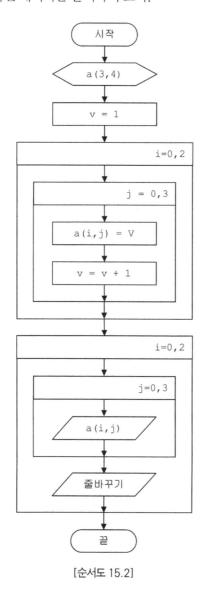

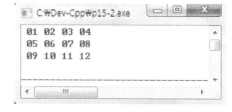

[순서도 15.2]

화면에 출력은 0행, 1행, 2행 순으로 출력이 되고 printf(" %.2d", a[i][j]); 문으로 정수는 2자리와 %.2d 앞의 빈 1칸으로 모두 3칸으로 1개 원소가 출력이 된다.

PROGRAMMING

```c
/* p15-2.c */
#include <stdio.h>
void main()
{   int a[3][4], i, j, v;
    v = 1;

    for(i = 0; i < 3; i++) {
        for(j = 0; j< 4; j++) {
            a[i][j] = v;
            v = v + 1;
        }
    }
    for(i = 0; i < 3; i++) {
        for(j = 0; j< 4; j++)
            printf(" %.2d", a[i][j]);
        printf("\n");
    }
}
```

15.3 2차원 배열에 데이터 입력(열 우선)

2차원 배열에 〈표 15.4〉와 같은 데이터를 입력하여 보자.

인텍스가 (0,0)일 때 1로 시작하며 0열에서 행이 증가할 때 마다 1이 증가하고 0열이 끝나면 다음 열에서 행이 증가하면 1이 증가 한다.

0열의 원소를 모두 채우고, 다음에 1열의 원소를 채우므로 열 우선이라고 한다.

〈표 15.4〉 2차원 배열 A(3,4)

	0열	1열	2열	3열
0행	(0,0)	(0,1)	(0,2)	(0,3)
1행	(1,0)	(1,1)	(1,2)	(1,3)
2행	(2,0)	(2,1)	(2,2)	(2,3)

1	4	7	10
2	5	8	11
3	6	9	12

다음 프로그램에서 1~12 까지 데이터를 a(2,3) 배열에 열 우선으로 입력하고 배열에 입력된 데이터를 출력하여 보자. 화면에 출력은 0행, 1행, 2행 순으로 출력이 된다.

PROGRAMMING

```
/* p15-3.c */
#include <stdio.h>
void main()
{   int a[3][4], i, j, v;
    v = 1;

    for(j = 0; j < 4; j++) {
        for(i = 0; i < 3; i++) {
            a[i][j] = v;
            v = v + 1;
        }
    }
    for(i = 0; i< 3; i++) {
        for(j = 0; j< 4; j++)
            printf(" %.2d", a[i][j]);
        printf("\n");
    }
}
```

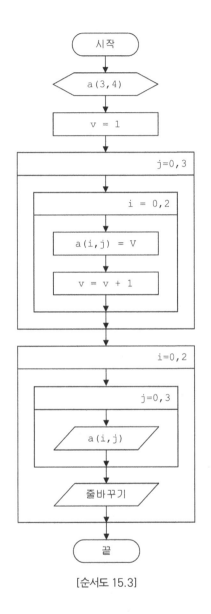

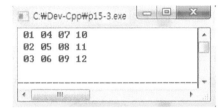

[순서도 15.3]

15.4 **2차원 배열에 삼각형 모양으로 채우기**

2차원 배열 A(4,4)에 〈표 15.5〉와 같은 삼각형 모양으로 원소에 값을 입력하여 보자.

각 원소는 A(0,0)=1에서 시작하여 1 씩 증가하여 A(0,0), A(1,1), A(2,2), A(3,3) 가 경계선이 된다.

〈표 15.5〉 2차원 배열 A(4,4)

(0,0)	(0,1)	(0,2)	(0,3)	1	2	3	4
(1,0)	(1,1)	(1,2)	(1,3)	0	5	6	7
(2,0)	(2,1)	(2,2)	(2,3)	0	0	8	9
(3,0)	(3,1)	(3,2)	(3,3)	0	0	0	10

0행은 열이 0, 1, 2, 3 까지 변화

1행은 열이 1, 2, 3 까지 변화

2행은 열이 2, 3 까지 변화

3행은 열이 3 까지 변화하며

행의 값과 열의 시작 값이 같음을 알 수 있다.

다음 프로그램에서 1~10 까지 데이터를 a(4,4) 배열에 삼각형 모양으로 입력하고 배열에 입력된 데이터를 출력하여 보자. 화면에 출력은 0행, 1행, 2행 순으로 출력이 된다.

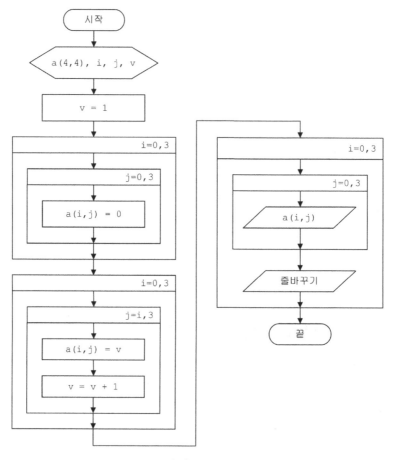

[순서도 15.4]

배열의 초기값은 알 수 없으므로 a[i][j] = 0; 문에서 0 으로 초기화를 한다.

둘째 반복문의 for(j = i; j< 4; j++) 문장에서 j = i 로 i 행에서 열의 시작점이 i 로 결정이 된다.

PROGRAMMING

```c
/* p15-4.c */
#include <stdio.h>
void main()
{
    int a[4][4], i, j, v;
    v = 1;

    for(i = 0; i < 4; i++)
        for(j = 0; j< 4; j++)
            a[i][j] = 0;

    for(i = 0; i< 4; i++)
        for(j = i; j< 4; j++)
        {
            a[i][j] = v;
            v = v + 1;
        }

    for(i = 0; i < 4; i++)
    {
        for(j = 0; j < 4; j++)
            printf(" %.2d", a[i][j]);
        printf("\n");
    }
}
```

```
C:\Dev-Cpp\p15-4.exe
01 02 03 04
00 05 06 07
00 00 08 09
00 00 00 10
```

연습문제

15.1 1차원 배열에 다음 데이터의 합과 평균을 구하는 프로그램을 작성하여 보자. p15-5.c

순서도에서 ①, ②, ③, ④ 에 적당한 값은 무엇인가 ?

배열	a(2)	a(3)	a(4)	a(5)	a(6)
데이터	1	2	3	4	5

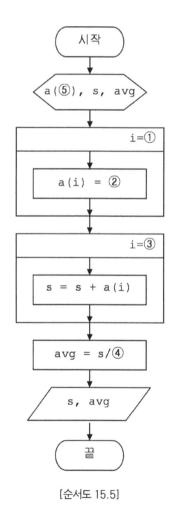

[순서도 15.5]

연습문제

15.2 2차원 배열에 다음 데이터를 입력하고 출력 할 수 있는 프로그램을 작성하여 보자.

p15-6.c 순서도에서 ①, ②, ③, ④, ⑤, ⑥에 적당한 값은 무엇인가 ?

a(0,0) = 3	a(0,1) = 4	a(0,2) = 5
a(1,0) = 6	a(1,2) = 7	a(1,3) = 8

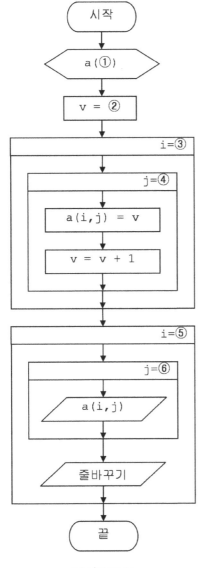

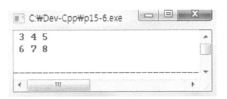

[순서도 15.6]

연습문제

창의력 향상을 위하여 □□□□에 적당한 값을 먼저 구하고 실행하여 보자. 그리고 다운로드한 프로그램과 비교하여 보자 !

```c
/* p15-5.c */
#include <stdio.h>
void main()
{   int a[   1   ], s, i;
    float avg;
    s=   2   ;

    for(   3   ; i<=6; i++)
        a[i]=i-1;
    for(i=2;   4   ; i++)
        s=s+   5   ;
    avg=(float)s/5;

    printf("s= %d \n", s);
    printf("Avg=   6   ", avg);
}
```

```
/* p15-6.c */
#include <stdio.h>
void main()
{   int a[   1   ][3], i, j, v;
    v =  2  ;


    for(i=0;   3  ; i++) {
        for(j=0;   4  ; j++) {
            a[i][j]=v;
            v =  5  ;
        }
    }
    for(   6  ; i<2; i++) {
        for(   7  ; j<3; j++)
            printf(" %d",  8  );
        printf("\n");
    }
}
```

디스크를 이용하여 보자

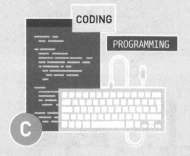

학습목표

- 파일의 종류
- 순차파일 쓰기
- 순차파일 읽기
- 순차파일 추가
- 순차파일 한 줄로 읽기

16.1 파일을 알아보자

(1) 파일의 종류

하드디스크를 이용하기 위하여 파일을 사용하는 방법은 일반적으로 자료의 접근 형태로 순차파일(sequential file), 랜덤파일(random file)로 구분하고 형식과 의미에 따라 텍스트 파일(text file), 이진파일(binary file)로 구분 한다.

① **순차파일**

순차파일은 처음부터 순차적으로 쓰기가 되어 있으므로 중간의 데이터에 접근하기 위해서는 처음부터 순차적으로 접근해야 한다. 자료의 변경이 빈번하지 않는 경우 일반적으로 사용한다.

10곡의 음악을 듣는 경우 1번곡부터 순차적으로 듣는 것과 같다.

② **랜덤파일**

데이터들의 길이가 고정되어 있는 경우 읽고 작성할 때 사용한다. 데이터의 길이가 고정되어 있으므로 빠른 속도로 중간에 있는 데이터를 접근 할 수 있다. 데이터 길이가 고정 이므로 사용자정의 데이터형인 경우 사용할 수 있다.

10곡의 음악을 듣는 경우 3번곡, 7번곡 등 지정하여 듣는 것과 같다.

③ **텍스트 파일**

윈도의 메모장으로 읽을 수 있으며 모니터나 프린터로 인쇄할 수 있는 파일이다.

④ **이진파일**

윈도의 메모장으로 읽기를 하면 알 수 없는 문자들을 볼 수 있으며 모니터나 프린터로 인쇄할 수 없는 문자(제어문자)를 포함하는 파일이며 컴파일 한 p01-1.exe도 이진파일이다.

(2) 순차파일 열기

다음과 같은 fopen 명령으로 파일을 연다. 모드에는 쓰기(write), 읽기(read), 추가(append)가 있으며 모드의 종류는 〈표 16.1〉과 같다.

> **형식** *파일 포인터명 = fopen(파일명, 파일모드);*

파일명은 열고자 하는 파일이름과 경로 정보를 나타낸다.

〈표 16.1〉 모드 종류

모드(mode)	설명
"w"	새로운 파일이 쓰기모드로 생성이 되며 파일이 있는 경우 기존 데이터는 지워진다.
"r"	파일 읽기모드이며 파일이 없는 경우 에러가 발생한다.
"a"	기존에 있는 파일 끝에서 쓰기를 추가한다. 기존파일이 없는 경우 파일이 생성되며 쓰기를 한다.

① 파일 쓰기(write)

> **형식** *FILE * fp;*
> *fp = fopen("test.txt", "w");*

위의 FILE *fp; 는 FILE 가 대문자이고 file 포인터 fp 라고 읽는다. *는 포인터라고 하고 데이터가 있는 번지를 의미하지만 디스크에 관련된 부분에서는 파일을 정의하는 내용이 된다. 파일 포인터명 fp는 변수와 같이 정의하면 된다.

쓰기모드로 파일명의 파일이 생성이 되며 처음부터 순차적으로 저장할 수 있다.

파일이 있는 경우 기존 데이터는 지워지므로 주의해야 하고 "w"에서 w 가 소문자이다.

② 파일 읽기(read)

> **형식** *FILE *fp1;*
> *fp1 = fopen("test.txt", "r");*

읽기모드로 파일 열기가 되며 파일의 첫 데이터부터 순차적으로 읽을 수 있다. 파일 포인터명은 fp1로 되어 있다.

③ 파일 추가(append)

> **형식** *FILE *f;*
> *f = fopen("test.txt", "a");*

기존 파일의 끝에서 데이터를 추가하여 저장하며 기존의 데이터가 있는 상태에서 추가가 된다. 기존 파일이 없는 경우 파일이 생성되며 쓰기를 한다.

(3) 순차파일 닫기

파일 포인터명에 해당하는 파일의 닫기가 되며 해당 파일을 작업한 후에는 닫기를 하지 않으면 예상치 못한 데이터의 손실이 있을 수 있으므로 파일을 열어서 작업한 뒤에는 파일을 꼭 닫아야 한다.

형식   *fclose(파일 포인터명);*

16.2 1~5 까지 순서로 쓰기. 순차파일 쓰기

5개의 숫자 데이터 (1, 2, 3, 4, 5)를 하드디스크에 파일쓰기 하여 보자. 파일명은 "test.txt" 로 하자.

파일을 처리할 경우 파일열기, 프로그램이 끝나기 전에 파일 닫기를 하여야 한다.

프로그램의 fp=fopen("test.txt", "w")에서 파일명이 test.txt 이며 윈도의 메모장에서 데이터를 확인 할 수 있다.

프로그램에서 if(fp==NULL){ 는 파일열기가 되지 않는 경우의 처리이다.

fprintf(fp, " %d", i); 문의 fprintf 는 파일 쓰기이고 파일포인터는 fp가 된다. 다음의 " %d", i 는 printf() 함수를 사용하여 화면에 출력하는 형식과 동일하게 디스크에 출력하는 것이 된다.

프로그램 실행창의 '1 2 3 4 5'는 프로그램에서 파일 쓰기의 내용을 화면에 출력한 것이고 메모장의 '1 2 3 4 5'는 파일 쓰기를 하여 디스크에 있는 "test.txt" 파일 내용을 윈도의 메모장으로 확인을 한 내용이다. 2개의 내용이 같은 것을 알 수 있다.

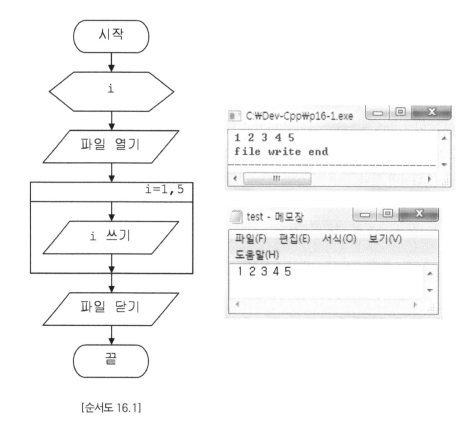

[순서도 16.1]

PROGRAMMING

```
/* p16-1.c */
#include <stdio.h>
#include <stdlib.h>
void main()
{    FILE *fp;

    int i;
    fp=fopen("test.txt", "w");

    if(fp==NULL){
        printf("open error ! \n");
    }
```

```
    for(i=1; i<=5; i++){
        printf(     " %d", i);     //화면에 쓰기
        fprintf(fp, " %d", i);     //파일에 쓰기
    }
    printf("\n file write end");
    fclose(fp);
}
```

16.3 1~5 까지 순서로 읽기. 순차파일 읽기

앞 절에서 순차파일 쓰기로 생성한 "test.txt"의 내용 (1, 2, 3, 4, 5)를 파일 읽기명령으로 읽어서 화면에 출력하여 보자.

파일을 처리할 경우 파일열기, 프로그램이 끝나기 전에 파일 닫기를 하여야 한다.

프로그램에서 if(fp==NULL){ 는 파일열기가 되지 않는 경우의 처리이다.

프로그램에서 while (fscanf(fp, "%d", &a) != EOF)의 EOF는 파일의 끝(end of file)을 의미한다.

fscanf(fp, "%d", &a) 문의 fscanf는 파일 읽기이고 파일포인터는 fp가 된다. 다음의 "%d", &a 는 scanf() 함수를 사용하여 화면에서 입력하는 형식과 동일하게 디스크에서 입력하는 것이 된다.

프로그램 실행창의 '1 2 3 4 5'는 디스크에 있는 파일의 내용이 화면에 출력된 것이다.

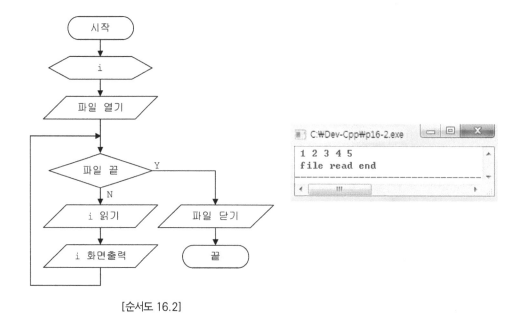

[순서도 16.2]

PROGRAMMING

```c
/* p16-2.c */
#include <stdio.h>
#include <io.h>
#include <stdlib.h>

void main()
{   FILE *fp;

    int a;

    fp=fopen("test.txt", "r");

    if (fp == NULL) {
        printf(" open error ! \n");
    }
    while ( fscanf(fp, "%d", &a) != EOF) {
        printf( " %d", a);
    }
    printf("\n file read end \n");
    fclose(fp);
}
```

16.4 6~10 까지 추가로 쓰기. 순차파일 추가

앞 절에서 생성한 "test.txt"의 내용 (1, 2, 3, 4, 5)에 (6, 7, 8, 9, 10)을 파일에 추가 (append)하여 보자. 파일에 데이터를 추가한 후 "text.txt" 파일을 열기하여 읽고 화면 에 출력하여 보자.

이 프로그램이 실행 될 때마다 기존의 파일에 6~10의 5개 숫자가 계속 추가가 된다.

프로그램 실행창의 ' 6 7 8 9 10'은 파일에 추가를 하는 내용을 화면에 출력한 내용이고 ' 1 2 3 4 5 6 7 8 9 10'은 디스크에 있는 추가된 파일의 내용을 파일 읽기를 하여 화면에 출력한 내용이다.

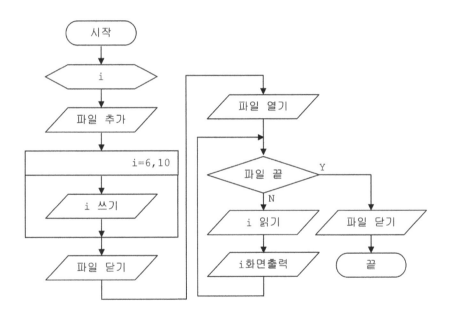

[순서도 16.3]

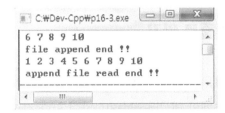

PROGRAMMING

```c
/* p16-3.c */
#include <stdio.h>
void main()
{    FILE *fp;

    int a, i;

    fp=fopen("test.txt", "a");
    if(fp==NULL) printf("open error ! \n");

    for(i=6; i<=10; i++){
        fprintf(fp, " %d", i);
        printf(" %d", i);
    }
    printf("\n file append end !! \n");
    fclose(fp);

    fp=fopen("test.txt", "r");
    if(fp==NULL) printf("open error ! \n");

    while(fscanf(fp, " %d", &a) != EOF)
        printf(" %d", a);

    printf("\n append file read end !!");
    fclose(fp);
}
```

16.5 순차파일 한 줄로 읽기

"testline.txt" 파일에 (1, 2, 3, 4, 5)를 한 줄에 쓰기하고 fgets 명령으로 strt 문자열 변수에 한 줄 읽기하고 5개의 데이터를 수치화하여 합한 결과를 화면에 출력하자. 합은 15가 된다.

순차파일에 (1, 2, 3, 4, 5)를 한 줄에 쓰기 하기 위해서는 fprintf(fp, " %d", i); 문장을 사용해야 한 줄에 연속 쓰기가 되며 만약 "%d"에 "%d \n"와 같이 "\n"이 있는 경우 다음 줄에 쓰기가 된다.

fgets 명령으로 strt 문자변수로 읽어 이 문자변수를 printf(" 문자열 길이= %d byte", strlen(strt)); 문장으로 문자열 길이가 10 바이트임을 알 수 있다. 10칸에 5개 숫자 ' 1 2 3 4 5'가 있으므로 2칸에 1개 숫자가 있다.

printf("\n 합= %d \n", s); 문장으로 합이 15 임을 알 수 있다.

s1[2]; s1은 2개 문자이므로 s1=" 1" 이면 이 " 1"은 문자이므로 a=atoi(s1); 문장으로 a=1 인 정수로 되어 합을 구할 수 있다.

atoi(s1)은 s1 이 문자인 경우 연산이 가능한 정수로 변경하는 명령이다.

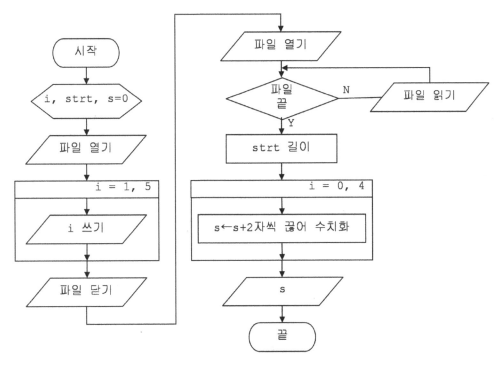

[순서도 16.4]

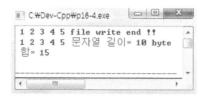

PROGRAMMING

```c
/* p16-4.c */
#include <stdio.h>
#include <string.h>

void main()
{    FILE *fp;

    int a, i, s=0;
    char strt[80], s1[2];

    fp=fopen("testline.txt", "w");

    if(fp==NULL) printf("testline.txt open error ! \n");

    for(i=1; i<=5; i++){
        fprintf(fp, " %d", i);
        printf(" %d", i);
    }
    printf(" file write end !! \n");
    fclose(fp);

    fp=fopen("testline.txt", "r");
    if(fp==NULL) printf("testline.txt open error ! \n");

    fgets(strt, 20, fp);
    printf(strt);
    printf(" 문자열 길이= %d byte", strlen(strt));

    for(i=0; i<=10; i=i+2){
        s1[0]=strt[i], s1[1]=strt[i+1];
        a=atoi(s1);
        s=s+a;
    }
    printf("\n 합= %d \n", s);
    fclose(fp);
}
```

16.1 1~10까지 10개의 숫자 데이터를 "t.txt"파일에 쓰기 하는 프로그램을 작성하여 보자.
p16-5.c

순서도에서 ① 에 적당한 값은 무엇인가 ?

프로그램이 실행되는 폴더에 생성된 **t.txt** 파일을 윈도의 메모장으로 열어서 확인
하여 보자.

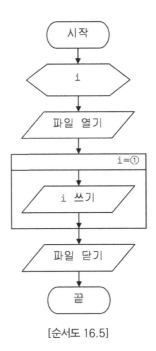

[순서도 16.5]

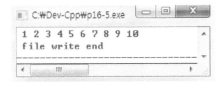

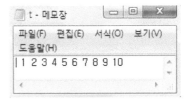

연습문제

16.2 연습문제 16.1에서 생성한 "t.txt"의 10개의 데이터를 읽어 화면에 출력하는 프로그램을 작성하여 보자. p16-6.c

순서도에서 ①, ② 에 적당한 값은 무엇인가 ?

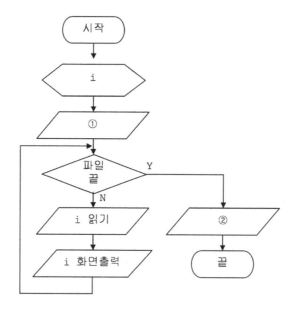

[순서도 16.6]

```
■ C:\Dev-Cpp\p16-6.exe                    [_][□][X]
1 2 3 4 5 6 7 8 9 10                                ▲
file read end
─────────────────────────────────────────────
◄        Ⅲ                                   ►
```

창의력 향상을 위하여 ☐에 적당한 값을 먼저 구하고 실행하여 보자. 그리고 다운로드한 프로그램과 비교하여 보자 !

```c
/* p16-5.c */
#include <stdio.h>
void main()
{   FILE   1  ;
    int i;

    fp=fopen("t.txt",   2   );

    if(fp==NULL){
        printf("open error ! \n");
    }
    for(   3   ; i<=10; i++){
        printf(fp, " %d", i);
           4   (fp, " %d", i);
    }
    printf("file write end");
       5   (fp);
}
```

```
/* p16-6.c */
#include <stdio.h>
void main()
{      [  1  ] *fp1;
    int a;

    fp1=fopen("t.txt", [  2  ]);

    if(fp1==[  3  ]){
        printf("open error ! \n");
    }
    while([  4  ](fp1, "%d", [  5  ]) != EOF)
        printf(" %d", a);

    printf("\n file read end");
    fclose([  6  ]);
}
```

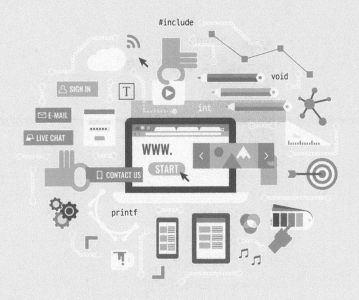

APPENDIX

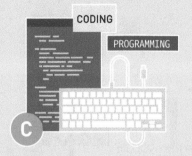

APPENDIX

A.1 아스키(ASCII) 코드

문자 'a'

컴퓨터   키보드

키보드에서 문자 'a'를 누르면 컴퓨터의 메모리에 'a'가 기억된다. a라는 모양이 기억 되는 것은 아니며 아스키(ASCII) 코드인 경우 16진수 61_{16} (2진수= $0110\ 0001_2$) 이 기억되며 1문자는 1바이트(8비트)에 대응되어 있다.

영어의 경우 대문자 26자, 소문자 26자, 숫자 10자, 특수 문자를 포함하면 128(=2^8) 종류가 되지 않으므로 7비트를 사용하여 키보드에 있는 모든 문자를 1대 1 대응 할 수 있고 패리티 1비트를 포함해 8비트로 1문자를 표현하는 것이다. 그러므로 컴퓨터에서 문자열 'ABCD'를 보관하기 위해서는 4바이트가 필요하게 된다. 이와 같이 대응하는 방법에 따라 아스키(ASCII, american stand code for information interchange), EBCDIC(extended BCD interchange code), 유니코드 등의 코드가 있다.

[부록 표 1. 아스키 코드]를 보면 A~Z, a~z, 0~9까지가 연속으로 보관되어 있고 산술기호 및 제어문자가 있다. A~Z는 16 진수로 41~5A 범위에 보관되므로 프로그램에서는 이러한 연속적인 성질을 가끔 이용한다.

아스키코드는 컴퓨터 내부에 데이터의 보관 및 컴퓨터와 컴퓨터의 통신에 이용된다.

〈부록. 표 1〉 아스키 코드

16진수	10진수	문자	제어 문자	16진수	10진수	문자	16진수	10진수	문자	16진수	10진수	문자
00	0	NUL	^@	20	32	SP	40	64	@	60	96	`
01	1	SOH	^A	21	33	!	41	65	A	61	97	a
02	2	STX	^B	22	34	"	42	66	B	62	98	b
03	3	ETX	^C	23	35	#	43	67	C	63	99	c
04	4	EOT	^D	24	36	$	44	68	D	64	100	d
05	5	ENQ	^E	25	37	%	45	69	E	65	101	e
06	6	ACK	^F	26	38	&	46	70	F	66	102	f
07	7	BEL	^G	27	39	'	47	71	G	67	103	g
08	8	BS	^H	28	40	(	48	72	H	68	104	h
09	9	HT	^I	29	41	)	49	73	I	69	105	i
0A	10	LF	^J	2A	42	*	4A	74	J	6A	106	j
0B	11	VT	^K	2B	43	+	4B	75	K	6B	107	k
0C	12	FF	^L	2C	44	,	4C	76	L	6C	108	l
0D	13	CR	^M	2D	45	-	4D	77	M	6D	109	m
0E	14	SO	^N	2E	46	.	4E	78	N	6E	110	n
0F	15	SI	^O	2F	47	/	4F	79	O	6F	111	o
10	16	DLE	^P	30	48	0	50	80	P	70	112	p
11	17	DC1	^Q	31	49	1	51	81	Q	71	113	q
12	18	DC2	^R	32	50	2	52	82	R	72	114	r
13	19	DC3	^S	33	51	3	53	83	S	73	115	s
14	20	DC4	^T	34	52	4	54	84	T	74	116	t
15	21	NAK	^U	35	53	5	55	85	U	75	117	u
16	22	SYN	^V	36	54	6	56	86	V	76	118	v
17	23	ETB	^W	37	55	7	57	87	W	77	119	w
18	24	CAN	^X	38	56	8	58	88	X	78	120	x
19	25	EM	^Y	39	57	9	59	89	Y	79	121	y
1A	26	SUB	^Z	3A	58	:	5A	90	Z	7A	122	z
1B	27	ESC		3B	59	;	5B	91	[	7B	123	{
1C	28	FS		3C	60	<	5C	92	\	7C	124	¦
1D	29	GS		3D	61	=	5D	93	]	7D	125	}
1E	30	RS		3E	62	>	5E	94	^	7E	126	~
1F	31	US		3F	63	?	5F	95	_	7F	127	DEL

A.2 종합 프로그램 문제

지금까지 공부한 내용을 종합하여 다음과 같은 실행 결과의 프로그램을 작성하여 보자.

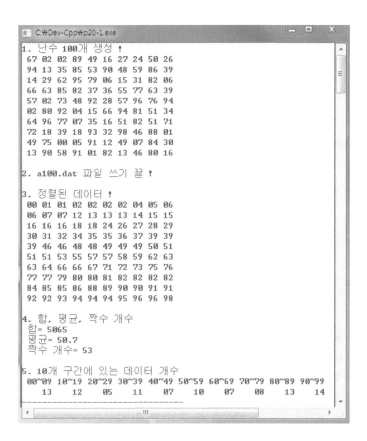

프로그램은 5개 함수로 구성되어 각 함수의 기능은 다음과 같다.

① data_gen(): 데이터 100개 생성.

난수를 이용하여 a[100]에 0~99 까지의 정수를 100개 생성하고 한 줄에 10개씩 2 자
리 수로 출력한다.

② data_save(): 디스크에 파일 쓰기.

현재 폴더에 'a100.dat' 파일명으로 쓰기 한다. 쓰기가 끝나면 'a100.dat 파일 쓰기
끝 !' 메시지를 출력한다.

이 파일은 윈도의 '메모장'로 확인 할 수 있다.

③ data_sort(): 데이터 정렬.

선택정렬 방법으로 100개 데이터를 오름차순 정렬하고 한 줄에 10개씩 2자리 수로 출력하여 정렬을 확인한다.

④ calc_sum(): 합, 평균, 짝수의 개수.

정렬된 데이터를 이용하여 합, 평균, 짝수의 개수를 계산하여 합, 소수점 1자리로 평균, 짝수의 개수를 출력한다.

⑤ calc_cnt(): 구간 별 데이터 개수 출력.

정렬된 100개 데이터를 0~99 까지 10개 구간으로 구분하여 0~9, 10~19 등 10개 구간에 있는 데이터 개수를 계산하여 출력한다.

프로그램을 5개 함수로 구분하여 분석하여 보자.

PROGRAMMING

```
/*  1.프로그램 기능:
        1.data_gen()
          난수를 이용하여 a[100]에 0~99 까지의 정수를 100개 생성하고
          한 줄에 10개씩 2자리 수로 출력한다.
        2.data_save()
          현재 폴더에 'a100.dat' 파일명으로 쓰기 한다.
          쓰기가 끝나면 'a100.dat 파일 쓰기 끝 !' 메시지를 출력한다.
          이 파일은 윈도의 '메모장'로 확인 할 수 있다.
        3.data_sort()
          선택정렬 방법으로 100개 데이터를 오름차순 정렬하고
          한 줄에 10개씩 2자리 수로 출력하여 정렬을 확인한다.
        4.calc_sum()
          정렬된 데이터를 이용하여 합, 평균, 짝수의 개수를 계산하여
          합, 소수점 1자리로 평균, 짝수의 개수를 출력한다.
        5.calc_cnt()
          정렬된 100개 데이터를 0~99 까지 10구간으로 구분하여
          0~9, 10~19 등 10 구간에 있는 데이터 수를 계산하여 출력한다.
    2.작성자: 홍 길동
    3.최초, 수정  작성일: 2018. 8. 25 2018. 8. 31
    4.파일:  p20-1.c
  */
```

위 첫 번째 문장인 '/*' 부터 '*/' 까지는 설명문이다.

프로그램의 함수가 많아지면 프로그램 시작하는 부분의 설명문에 프로그램의 기능, 작성자 이름, 작성 날짜, 파일명을 기술해 놓으면 차후에 언제, 누가 작성했는지를 알 수 있다. 가능하면 상세하게 작성하는 것이 다음에 도움이 된다.

PROGRAMMING

```
#include <stdio.h>
#include <stdlib.h>
#include <time.h>

    int a[100];    //전역변수

void main()
{
    data_gen();
    data_save();
    data_sort();
    calc_sum();
    calc_cnt();
}
```

위 프로그램은 데이터 선언부분과 main() 함수이다.

 프로그램은 5개 함수로 구성되어 있고 main()함수에는 이 5개 함수만 있다. 일반적으로 1개 함수는 1개 화면 안에 작성하는 것이 프로그램 작성, 수정하는데 편리하다.

main()함수에서 프로그램 전체를 대략적으로 알 수 있도록 되어 있다. a[100]은 전역변수로 프로그램 전체에서 변경 없이 사용이 가능하다.

// 다음부터 이 문장의 끝까지가 설명문이 된다. 다음에 참조하기 위하여 가능하면 상세하게 기술하는 것이 도움이 된다.

```
data_gen()          //난수 발생 12장 참조
{
    int i;          //지역변수

    srand(time(NULL));
    printf("1. 난수 100개 생성 !");
    for (i=0; i<100; i++)
    {   a[i]=rand()%100;
        if (i%10==0) printf("\n");   //한 줄에 10개 씩 출력
        printf(" %.2d", a[i]);       //2자리로 출력
    }
    printf("\n");
    printf("\n");
    return;
}
```

위 data_gen() 함수는 난수를 이용하여 a[100]에 0~99 까지의 정수를 100개 생성하고 한 줄에 10개 씩 2자리 수로 출력한다.

int i; 에서 i 는 지역변수로 이 함수 내에서 값이 정해지고 이 함수가 끝나면 의미가 없다.

```
data_save()         //파일 쓰기 16장 참조
{   FILE *fp;

    int i;

    //파일 열기
    fp=fopen("a100.dat", "w"); //printf(" %d \n", fp);

    if(fp==NULL){
```

```
            printf("open error ! \n"); //exit(1);
        }


        //파일 쓰기
        for(i=0; i<100; i++){
            fprintf(fp, " %.2d", a[i]);
        }
        printf("2. a100.dat 파일 쓰기 끝 ! \n\n");
        fclose(fp);
        return;
    }
```

위 data_save() 함수는 현재 폴더에 'a100.dat' 파일명으로 쓰기 한다. 쓰기가 끝나면 'a100.dat 파일 쓰기 끝 !' 메시지를 출력한다.

이 파일은 윈도의 '메모장'로 확인 할 수 있다.

PROGRAMMING

```
data_sort()     //선택정렬 11장 참조
{
    int i, j, t;

    for(i=0; i<=98; i++)
    {   for (j=i+1; j<=99; j++)
        {   if (a[i]>a[j])
            {   t=a[i];
                a[i]=a[j];
                a[j]=t;
            }
        }
    }
    printf("3. 정렬된 데이터 !");
    for (i=0; i<100; i++)           //100개 데이터 출력
    {   if (i%10==0) printf("\n");  //한 줄에 10개 씩 출력
        printf(" %.2d", a[i]);      //2자리로 출력
```

```
        }
        printf("\n");
        printf("\n");
        return;
    }
```

위 data_sort() 함수는 선택정렬 방법으로 100개 데이터를 오름차순 정렬하고 한 줄에 10개 씩 2자리 수로 출력하여 정렬을 확인한다.

PROGRAMMING

```
calc_sum()          //합, 평균, 짝수  3, 7장 참조
{
    int s, i, cnt;
    float avg;

    s=0;
    cnt=0;

    for(i=0; i<100; i++)            //합
    {   s=s+a[i];
        if (a[i]%2 ==0) cnt=cnt+1;     //짝수 개수
    }

    avg=(float)s/100;               //평균

    printf("4. 합, 평균, 짝수 개수 \n");
    printf(" 합= %d \n", s);

    printf(" 평균= %.1f \n", avg);

    printf(" 짝수 개수= %d \n", cnt);
    printf("\n");
    return;
}
```

위 calc_sum() 함수는 정렬된 데이터를 이용하여 합, 평균, 짝수의 개수를 계산하여 합,
소수점 1자리로 평균, 짝수의 개수를 출력한다.

PROGRAMMING

```
calc_cnt()          // (int)a[i]/10; 5장, 개수 8장  참조
{
    int i, j, c[10]={0};    //구간 10개 개수는 c[i]에

    for (i=0; i<100; i++)    //c[i]에 개수를 계산
    {   j=(int)a[i]/10;        //c[0]에는 0~9 의 개수
        c[j]=c[j]+1;          //c[1]에는 10~19 의 개수
    }

    printf("5. 10개 구간에 있는 데이터 개수 \n");
    for (i=0; i<10; i++)        //00~09 10~19 20~29 줄 출력
    {   printf(" %.2d~%.2d", i*10, i*10+9);
    }
    printf("\n");


    for (i=0; i<10; i++)        //c[i] 개수 출력
    {   printf("    %.2d", c[i]);
    }

    return;
}
```

위 calc_cnt() 함수는 정렬된 100개 데이터를 0~99 까지 10개 구간으로 구분하여 0~9,
10~19 등 10개 구간에 있는 데이터 수를 계산하여 출력한다. 0~9까지에는 13개 데이터가
있음을 확인 할 수 있다.

A.3 Dev-C++ 컴파일러 다운로드

① 검색엔진에서 'dev c'를 입력하면 다음과 같은 웹사이트가 찾을 수 있다.

Dev-C++ download | SourceForge.net ⊕ 번역보기
https://sourceforge.net/projects/orwelldevcpp/ ▾
A new and improved fork of Bloodshed **Dev-C++** Connect Articles Cloud Storage Business VoIP Internet
Speed Test Browse Blog Deals Help Create Join/Login About Top Downloaded Projects Site Status @sf
net_ops @sourceforge Site...

Dev-C++ download | SourceForge.net를 클릭하면 다음과 같은 홈페이지가 나타난다.

Dev-C++는 무료이면서 통합 개발 환경을 지원하고 블러드셰드 소프트웨어회사 제품
이다.

여기서 Dev-C++은 C와 C++을 컴파일 할 수 있다. C++는 C의 업그레이드 된 버전이다.

다운로드 회수가 1주에 56,332 회가 되는 것을 확인 할 수 있으며 국내에서도 많이
사용하는 C 컴파일러이다. 다운로드 소요시간은 환경에 따라 5분 이상이 될 수 있
다. 다운로드를 클릭.

② 자동으로 다운로드 되는 위치를 기억하자. 실행하는 경우 참고해야 한다.

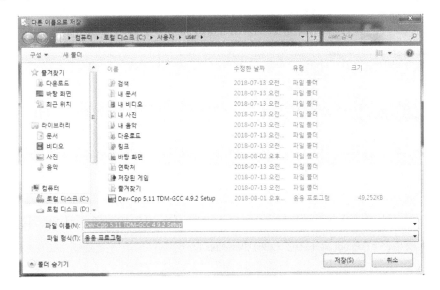

③ 다운로드 상태를 알 수 있고 설정 언어는 한국어를 선택하자.

④ 사용권 계약과 구성요소 선택은 동의함과 다음으로.

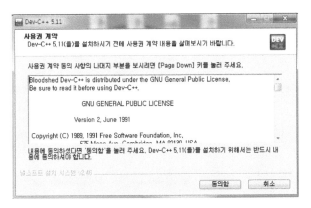

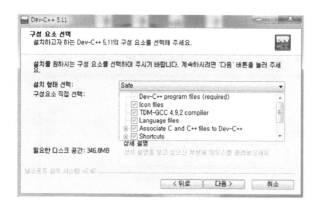

⑤ 설치 위치를 선택하고 현 위치를 기억하자. 실행하는 경우 참고해야 한다. 자동으로
하는 경우는 c:\Program Files (x86)\Dev-Cpp 로 된다.

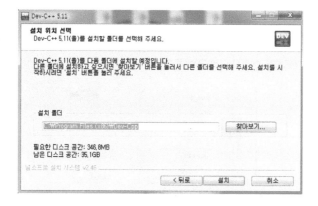

본 교재에서는 위의 설치 폴더를 다음과 같이 c:\Dev-Cpp 로 하여 예제 프로그램이
실행되는 경우 다음과 같이 실행창에서 c:\Dev-Cpp\p01-1.exe를 확인 할 수 있다. 처
음 프로그램 하는 경우에는 이와 같이 하는 것이 편리하다.

⑥ 설치 완료의 마침을 클릭. 바탕화면에 생성된 Dev-C++ 바로가기 아이콘 확인.

바탕화면 바로가기 아이콘

⑦ 위의 'Dev-C++ 5.11 실행하기(R)'를 체크한 경우 다음이 실행되며 Korean(한국어) 와 환경을 Next 및 OK 클릭.

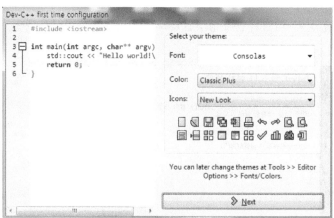

⑧ 이 Dev-C++ 초기 화면이 나오면 설치 완료.

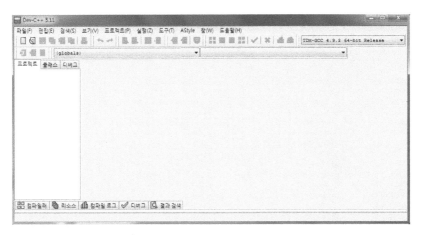

⑨ Dev-C++를 실행하는 2가지 방법

- 바탕화면에 생성된 Dev-C++ 바로가기를 실행.
  위 Dev-C++ 초기 화면을 닫고 Dev-C++ 초기화면이 열리는 것을 확인하자.

- Dev-C++ 이 있는 위치를 참조하여 Dev-C++ 을 직접 실행.
  위 Dev-C++ 초기 화면을 닫고 4번의 설치 위치를 참조하여 devcpp이 있는 폴더로
  가서 devcpp를 직접 실행하여 Dev-C++ 초기화면이 열리는 것을 확인하자.

자동으로 하는 경우는 c:\Program Files (x86)\Dev-Cpp 폴더가 되고 devcpp 실행프로
그램이 있다.

본 교재에서는 다음과 같이 c:\Dev-Cpp 폴더가 되고 devcpp 실행프로그램이 있다.

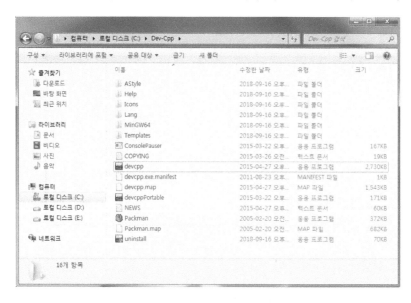

초기화면.

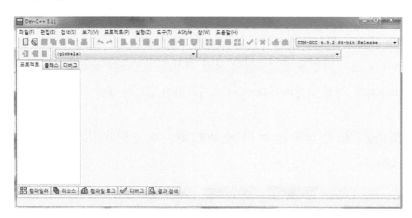

⑩ 초기 화면에서 글씨크기 조정.

메뉴에서 **도구(T) → 편집기 설정(E) → 화면**에서 글꼴 크기를 조절하면 글씨의 크기를 조정하여 편리하게 사용할 수 있다. 여기서는 글꼴 크기를 14로 조정한 것을 알 수 있다.

A.4 교재 예제 파일 C편 다운로드 및 실행

블로그(blog.naver.com/coding_edu)에서 이 책에 있는 예제 파일을 다운로드 하자.

압축파일 이름은 '교재 예재 파일 C 편' 이다. 다운로드한 경우 압축풀기를 하고 95개의 파일을 c:\Dev-Cpp 폴더에 '교재 예재 파일 C 편' 폴더를 만들어 이 폴더에 저장하자.

c:\Dev-Cpp\교재 예재 파일 C 편\p01-1.c를 더블 클릭하면 프로그램은 화면과 같다.

다음은 c:\Dev-Cpp\교재 예재 파일 C 편\p01-1.c 를 실행한 내용이고 교재의 모든 프로그램을 확인 및 간단히 실행하여 결과를 확인 할 수 있다.

교재를 보고 프로그램을 직접 입력하여 실행하는 경우는 c:\Dev-Cpp 폴더에서 입력, 실행하면 가능하다.

참고문헌

1. 홍영식, 엄기현 저. 자료구조. 정익사. 1982.

2. 그레리 페리, 딘 밀러 저, 천인국 역. C언어는 처음이지!. 인피니티북스. 2016.

3. 강환수, 강환일 공저. C로 배우는 프로그래밍 기초. 인피니티북스. 2008.

4. 조광문 외. 새내기 C 프로그래머를 위한 순서도 작성. 정익사. 2007.

5. 홍의경 외. 순서도를 활용한 프로그래밍 원리와 실습. 생능출판사. 2008.

6. 김충석. 프로그램 원리와 이해 실습중심. 이한출판사. 2010.

7. 김명주 외. 정보처리기능사 실기 기본서. 영진닷컴. 2010.

8. 김원선. Practical C Progamming. 이한출판사. 2008.

9. 천정아. 개념을 콕콕 잡아주는 C 프로그래밍. 이한출판사. 2010.

INDEX

순서도를 이용한 코딩과의 첫 만남(1) -C언어편

1판 1쇄 인쇄   2018년 12월 20일
1판 1쇄 발행   2019년 01월 03일
저   자 김득수
발 행 인 이범만
발 행 처 **21세기사** (제406-00015호)
        경기도 파주시 산남로 72-16 (10882)
        Tel. 031-942-7861   Fax. 031-942-7864
        E-mail : 21cbook@naver.com
        Home-page : www.21cbook.co.kr
        ISBN 978-89-8468-820-9

정가 20,000원